Lilly Nielitz-Hart und Simon Hart

CITY|TRIP
BOLOGNA

Nicht verpa...

1 **Piazza Maggiore und Piazza del Nettuno [E5]**
Die Piazzas im Herzen der von der UNESCO zum Welterbe erklärten mittelalterlichen Altstadt sind von Sehenswürdigkeiten umgeben und bieten unter historischen Arkadengängen Gelegenheit zur Rast (s. S. 16).

5 **Basilica di San Petronio [E5]**
Die bekannteste Kirche Bolognas beherbergt viele Kunstwerke. Von der Aussichtsterrasse in 54 m Höhe blickt man über die ganze Stadt (s. S. 20).

9 **MAMbo (Museo d'Arte Moderna di Bologna) und Museo Morandi [C2]**
Das MAMbo zeigt moderne italienische Kunst und beherbergt zurzeit auch das Museo Morandi, das Werke des Künstlers Giorgio Morandi ausstellt. Auf dem Gelände der Manifattura delle Arti findet man zudem das Cinema Lumière (s. S. 23).

10 **Quadrilatero – das Marktviertel [E5]**
Im Marktviertel kann man die leckersten Delikatessen naschen und den Tag mit einem guten Glas Wein oder Bier beschließen (s. S. 27).

13 **Archiginnasio – historische Universität [E5]**
Das alte Universitätsgebäude bietet einen einzigartigen Einblick in das Studentenleben der Vergangenheit und einen der ersten Anatomiesäle der Welt (s. S. 29).

15 **Basilica di Santo Stefano [F5]**
Der Kirchen- und Klosterkomplex mit byzantinischen Ursprüngen ist einer der magischsten Orte der Stadt (s. S. 31).

18 **Museo internazionale e biblioteca della musica di Bologna [F5]**
Im Musikmuseum offenbart sich das reiche musikalische Erbe Bolognas, das den Titel „UNESCO City of Music" trägt (s. S. 33).

20 **Due Torri [E4]**
Die beiden schiefen Türme stehen bereits seit 500 Jahren. Den Torre Asinelli kann man auch erklimmen (s. S. 35).

24 **Pinacoteca Nazionale [G3]**
Die Pinacoteca bietet eine umfangreiche Sammlung an Werken namhafter Künstler (s. S. 38).

29 **Santuario di Madonna di San Luca**
Von der Basilica auf dem Guardiahügel im Apennin bietet sich ein weiter Blick über Bologna (s. S. 42).

Leichte Orientierung mit dem cleveren Nummernsystem
Die Sehenswürdigkeiten sind im Text und im Kartenmaterial mit derselben **magentafarbenen ovalen Nummer** ❶ markiert. Alle anderen Lokalitäten wie Geschäfte, Restaurants usw. tragen ein **Symbol und eine fortlaufende rote Nummer** (🔒1). Die Liste aller Orte befindet sich auf Seite 141, die Zeichenerklärung auf Seite 144.

Bologna auf einen Blick

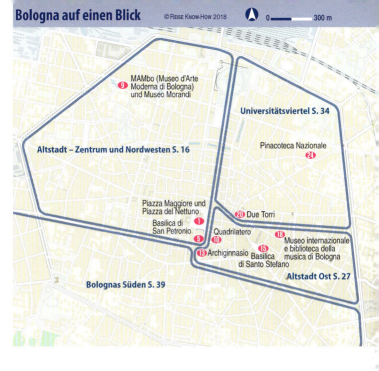

7 Bologna entdecken

- 8 Bologna für Citybummler
- 10 Kurztrip nach Bologna
- *11 Das gibt es nur in Bologna*
- **12 Stadtspaziergänge**

16 Altstadt – Zentrum und Nordwesten

- 16 ❶ Piazza Maggiore und Piazza del Nettuno ★★★ [E5]
- 16 ❷ Palazzo del Podestà ★★ [E4]
- 17 ❸ Palazzo Re Enzo ★★ [E4]
- *18 I Portici – die Arkadengänge von Bologna*
- 19 ❹ Palazzo d'Accursio (Palazzo Comunale) ★★ [D5]
- *20 San Petronio und Bologna*
- 20 ❺ Basilica di San Petronio ★★★ [E5]
- 22 ❻ Cattedrale Metropolitana di San Pietro ★★ [E4]
- 22 ❼ Museo Civico Medievale (Mittelaltermuseum) ★★ [D4]
- 23 ❽ Basilica di San Francesco ★ [C4]
- 23 ❾ MAMbo (Museo d'Arte Moderna di Bologna) und Museo Morandi ★★★ [C2]
- *24 Bolognas Kanäle und die Seidenindustrie*

◁ *Blick auf den Canale di Reno (s. S. 24) von der Via Piella [E3] (001bo-nh)*

27 Altstadt Ost
- 27 ⑩ Quadrilatero – das Marktviertel ★★★ [E5]
- 28 ⑪ Chiesa di Santa Maria della Vita ★★ [E5]
- 28 ⑫ Museo Civico Archeologico (Archäologisches Museum) ★★ [E5]
- 29 ⑬ Archiginnasio – historische Universität ★★★ [E5]
- *30 Die Wissenschaftlerin Laura Bassi*
- 31 ⑭ Palazzo Pepoli mit Museo della Storia di Bologna ★★ [E5]
- 31 ⑮ Basilica di Santo Stefano ★★★ [F5]
- 32 ⑯ Chiesa di Santa Maria dei Servi ★★ [G5]
- 33 ⑰ Museo Davia Bargellini und Museo Civico d'Arte Industriale (Museum für Industriekunst) ★★ [G5]
- 33 ⑱ Museo internazionale e biblioteca della musica di Bologna ★★★ [F5]
- 34 ⑲ Palazzo della Mercanzia ★ [E5]

34 Universitätsviertel
- 35 ⑳ Due Torri ★★★ [E4]
- 35 ㉑ Museo Ebraico di Bologna (Jüdisches Museum) ★ [F4]
- *36 La Turrita – Stadt der Türme*
- 37 ㉒ Teatro Comunale ★ [F4]
- 37 ㉓ Palazzo Poggi ★★ [G4]
- *38 Die Vettern Caracci und die Bologneser Schule*
- 38 ㉔ Pinacoteca Nazionale ★★★ [G3]

39 Bolognas Süden
- 39 ㉕ Basilica di San Domenico ★★ [E6]
- 40 ㉖ Museo Civico del Risorgimento und Museo di Casa Carducci ★ [H6]
- *41 Bologna und das Risorgimento*
- 42 ㉗ Giardini Margherita ★ [G8]
- 42 ㉘ San Michele in Bosco ★★ [D8]
- 42 ㉙ Santuario di Madonna di San Luca ★★★
- 44 ㉚ Cimitero di Certosa ★★

45 Ausflüge nach Ferrara und Ravenna

46 Ferrara
- *47 Die Este-Familie in Ferrara*
- 48 ㉛ Castello Estense ★★ [Karte II]
- *48 Girolamo Savonarola*
- 48 ㉜ Cattedrale ★★★ [Karte II]
- 50 ㉝ Palazzo Costabili und Archäologisches Nationalmuseum ★★★ [Karte II]
- 50 ㉞ Palazzo Schifanoia ★★★ [Karte II]
- 51 ㉟ Casa Romei ★ [Karte II]
- 51 ㊱ Palazzo dei Diamanti mit Pinakothek ★★★ [Karte II]

54 Ravenna
- 58 ㊲ Basilica di San Vitale ★★★ [Karte III]
- *59 Dante in Ravenna*
- 60 ㊳ Mausoleo di Galla Placidia ★★★ [Karte III]

61	㊴ Museo Nazionale di Ravenna ★★ [Karte III]
61	㊵ Domus dei Tappeti di Pietra (Haus der Steinteppiche) ★★ [Karte III]
61	㊶ Battistero degli Ariani ★ [Karte III]
62	㊷ Basilica di Sant'Apollinare Nuovo ★★★ [Karte III]
63	㊸ Battistero Neoniano ★★ [Karte III]
63	㊹ Museo Arcivescovile und Cappella di Sant'Andrea ★ [Karte III]
64	㊺ Mausoleo di Teodorico ★
64	㊻ Antico Porto di Classe ★
65	㊼ Basilica di Sant'Apollinare in Classe ★★★

67 Bologna erleben

68	Bologna für Kunst- und Museumsfreunde
70	Bologna für Genießer
79	Bologna am Abend
81	*Bolognas Osterias*
84	Bologna für Kauflustige
88	Bologna zum Träumen und Entspannen
90	Zur richtigen Zeit am richtigen Ort

93 Bologna verstehen

94	Das Antlitz der Stadt
95	Von den Anfängen bis zur Gegenwart
96	*Das etruskische Felsina*
97	*Die Familie Bentivoglio*
99	*Guglielmo Marconi*
102	Leben in der Stadt
106	Kreativstadt Bologna – UNESCO City of Music

109 Praktische Reisetipps

110	An- und Rückreise
111	Autofahren
112	Barrierefreies Reisen
112	Diplomatische Vertretungen
113	Elektrizität, Geldfragen
113	*Bologna preiswert*
114	Informationsquellen
115	*Meine Literaturtipps*
115	Internet
116	Medizinische Versorgung

Zeichenerklärung

★★★ nicht verpassen
★★ besonders sehenswert
★ wichtig für speziell interessierte Besucher

[A1] Planquadrat im Kartenmaterial. Orte ohne diese Angabe liegen außerhalb unserer Karten. Ihre Lage kann aber wie die von allen Ortsmarken mithilfe der begleitenden Web-App angezeigt werden (s. S. 144).

Updates zum Buch
www.reise-know-how.de/citytrip/bologna18

Vorwahlen (s. auch S. 121)
› für Italien: 0039
› für Bologna: 051
› für Ferrara: 0532
› für Ravenna: 0544

116	Mit Kindern unterwegs
117	Notfälle
118	Öffnungszeiten
118	Post, Radfahren
119	Sicherheit
120	*Infos für LGBT+*
120	Sprache
121	Stadttouren, Telefonieren
122	Unterkunft
126	Verhaltenstipps, Verkehrsmittel
128	Wetter und Reisezeit

129 Anhang

130	Kleine Sprachhilfe Italienisch
137	Register
140	Die Autoren, Schreiben Sie uns
140	Impressum
141	Liste der Karteneinträge
144	Zeichenerklärung
144	*Bologna mit PC, Smartphone & Co.*

Fontana del Nettuno

Während der langwierigen Restauration des bekanntesten Brunnens der Stadt werden Touren ins Restaurationszelt angeboten. Dabei kann man den Restaurateuren genau auf die Finger schauen und zudem einen Blick auf das Bauwerk genießen, das von der Piazza del Nettuno aus momentan nicht sichtbar ist (Mo–Fr 11.30, Sa/So 15 Uhr, Buchung über die Touristeninformation, s. S. 114).

Kultursommer

Im Sommer verwandeln sich Bolognas Parks in Freiluftarenen, wo man Kultur im Grünen genießen kann. Konzert- und Theateraufführungen finden z. B. Rahmen des Bologneser Kultursommers (BEST – la cultura si fa spazio, s. S. 91) statt. Von Street Food bis zu Theater-Workshops wird eine riesige Auswahl an Events für die ganze Familie angeboten.

Eataly World

In der Nähe des Messegeländes Bologna Fiera befindet sich Fico Eataly World (s. S. 87). Das bislang einzigartige Großprojekt der Gastronomiekette Eataly soll die Vielfalt der italienischen Nahrungsmittelproduktion „vom Feld bis zum Teller" mittels Musterfarmen und Workshops nahebringen. Auf einem riesigen Areal erhält man Einblick in die Produktion und Verarbeitung von Spezialitäten, die man anschließend in einer Großmarkthalle kaufen kann. Daneben versorgen 25 Restaurants die Besucher und es wird Unterhaltung geboten.

032bo-fo©rh2010, stock.adobe.com

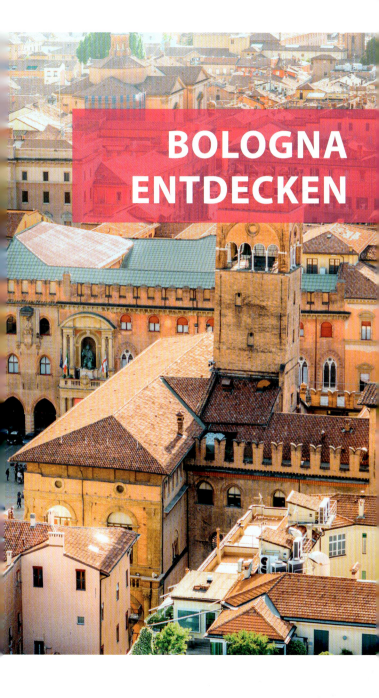

BOLOGNA ENTDECKEN

Bologna für Citybummler

Bologna ist eine selbstbewusste Universitätsstadt mit einer freundlichen und lebendigen Atmosphäre. In der Altstadt liegen alle Sehenswürdigkeiten nahe beieinander und der fußgänger- und fahrradfreundliche flache Stadtkern ist für Citybummler geradezu ideal. Die gut erhaltenen mittelalterlichen Portici (Arkadengänge, s. S. 18) gehören zum UNESCO-Weltkulturerbe. Sie überdachen gut 40 km der Fußwege, bieten bei Regen Zuflucht und spenden im Sommer Schatten. Davon profitieren natürlich auch die sich darunter befindenden Außenterrassen der Cafés und Restaurants. Neben einer international legendären Gastronomieszene besitzt die Stadt viele interessante Museen und bietet das ganze Jahr über ausgefallene Kulturevents, darunter Festivals mit Schwerpunkt Musik und Film. Zudem kann man Ausflüge in das Umland der Emilia-Romagna vom Apennin-Gebirge bis an die Adriaküste unternehmen.

Bolognas **mittelalterlicher Stadtkern** hat sich durch die Jahrhunderte hindurch kaum verändert. Die Orientierung fällt leicht, denn das Straßennetz im Stadtkern folgt noch dem rasterartig angelegten römischen Verlauf. Später wurde dieser durch diagonale Hauptachsen erweitert, die wie die Speichen eines Wagenrads auseinanderlaufen und bis zur Ringstraße führen. Die Einkaufsstraße **Via dell'Indipendenza** [D4–E2], die im Süden zur Via d'Azeglio wird, führt vom Bahnhof im Norden bis an den südlichen Stadtrand. Von Westen nach Osten folgt die geschäftige Via Ugo Bassi (bzw. in ihrer Verlängerung die Via Rizzoli), ebenfalls eine Einkaufsstraße, dem Verlauf der einstigen römischen Hauptstraße Via Emilia. Dort, wo diese Hauptachsen sich kreuzen, findet man mit der **Piazza Maggiore** ❶ und der **Piazza del Nettuno** aus dem 13. Jh. das touristische Herz der Altstadt, des **Centro Storico**. Rund um die beiden Plätze befinden sich einige der wichtigsten Sehenswürdigkeiten wie die **Fontana del Nettuno** (Neptunbrunnen), der **Palazzo d'Accursio** ❹ mit der städtischen Gemäldegalerie und den archäologischen Ausgrabungen und die **Basilica di San Petronio** ❺. Im **Palazzo del Podestà** ❷ findet man unter den Arkaden die Touristeninformation Bologna Welcome (s. S. 114), wo man sich mit Stadtkarten und Informationen eindecken kann.

Östlich der Piazza Maggiore führt die Via Rizzoli zur Piazza di Porta Ravegnana mit den **Due Torri** ⓴, den beiden schiefen Türmen von Bologna – berühmte Wahrzeichen der Stadt. Den **Torre Asinelli** kann man erklimmen und die Aussicht auf die Stadt genießen. Von hier führt die Via Zamboni ins Universitätsviertel mit den wissenschaftlichen Museen des **Palazzo Poggi** ㉓, dem **Teatro Comunale** ㉒ und der **Pinacoteca Nazionale** ㉔. Mittendrin ist die **Piazza Verdi** [F4] der Treffpunkt der Studentenszene mit Cafés und Open-Air-Veranstaltungen. Ein reges nächtliches Straßenleben und viele Restaurants bietet auch die benachbarte **Via Oberdan** [E3–4]. Im mittelalterlichen Gassengewirr westlich von hier

◁ *Vorseite: Die Piazza Maggiore* ❶ *ist das Herz der mittelalterlichen Altstadt von Bologna*

kann man noch Überreste der **Bologneser Kanäle** (s. S. 24) erspähen, die einst die Stadt durchzogen. Die nordwestlich von hier verlaufende **Via Righi** [E3] ist ebenfalls von Trattorien und Osterien gesäumt.

Von der Piazza Maggiore kann man auch den Arkadengängen auf der Ostseite der Basilica di San Petronio in Richtung Süden folgen und gelangt so zum **Museo Civico Archeologico** ⑫ und zur historischen Universität **Archiginnasio** ⑬ an der Piazza Galvani. Südlich, vorbei an den luxuriösen Arkaden der **Galleria Cavour** (s. S. 84), geht es von dort aus weiter zur **Basilica di San Francesco** ⑧. Über die Via Farini lohnt ein Abstecher zum einzigartigen Kloster- und Kirchenkomplex **Santo Stefano** ⑮ mit seinem beliebten Vorplatz.

Im Nordwesten der Stadt finden Kunstinteressierte auf dem Gelände des einstigen Flusshafens das alternative Kulturzentrum **Manifattura delle Arti** mit dem **MAMbo** ⑨, dem **Cinema Lumière** (s. S. 27) und dem **Parco del Cavaticcio**, wo im Sommer Veranstaltungen stattfinden. Südlich von hier ist die **Via Pratello** [A–B4] im Viertel Saragozza eine beliebte Ausgehmeile der Kunststudenten und Hipster.

Alle Sehenswürdigkeiten lassen sich gut zu Fuß oder mit dem Fahrrad erreichen, man kann aber auch eine Sightseeingtour mit dem **City Red Bus** (s. S. 121) oder dem Bähnchen **San Luca Express** (s. S. 121) unternehmen. Beide fahren von der Ostseite der Piazza Maggiore zu den schönsten Aussichtspunkten hoch über der Stadt in den Ausläufern der Apennin-Hügel, z. B. zur **Basilica di San Luca** ㉙. Von dort aus hat man einen weiten Blick über die terrakotta- und ockerfarbene historische Stadt.

Für einen Ausflug ins Grüne bieten sich der Stadtpark **Giardini Margherita** ㉗, die Apennin-Hügel oder die Fahrradwege entlang des **Canale Navile** und des **Canale di Reno** im Westen an. Im Westen liegt auch der Monumentalfriedhof **Certosa** ㉚, dessen künstlerisch gestaltete Gruften zu den ungewöhnlichsten Sehenswürdigkeiten Bolognas gehören.

Der Aufgang zum Parco della Montagnola [E2], nur einer von vielen Grünflächen in der Stadt

Kurztrip nach Bologna

1. Tag

Wer sich zunächst in der Altstadt orientieren und einen Überblick über die wichtigsten Sehenswürdigkeiten gewinnen möchte, könnte den Tag mit **Spaziergang 1** beginnen (s. S. 12). Wer mit Kindern unterwegs ist oder nicht so viel laufen möchte, kann wahlweise auf der Ostseite der Piazza Maggiore ❶ (an der Piazza Re Enzo) zu einer Stadtrundfahrt in den **City Red Bus** (s. S. 121) einsteigen. Im **Palazzo del Podestà** ❷ kann man sich vorher in der Touristeninformation mit Stadtkarten und Informationen über öffentliche Verkehrsmittel eindecken oder spezielle Routen erfragen. Zwischendurch kann man sich z. B. im zentralen **Caffè Vittorio Emanuele** (s. S. 77) mit Blick auf den Marktplatz und die **Basilica di San Petronio** ❺ entspannen. Wer shoppen möchte, könnte einen Einkaufsbummel entlang der **Via Rizzoli** [E4] anschließen, die in die Via Ugo Bassi übergeht.

Abends nimmt man in den Gassen des Quadrilatero ❿ seinen Aperitivo inkl. leckerer Häppchen ein – z. B. in der Bar **Zerocinquantello** (s. S. 74) – und isst danach in einem der Restaurants in der Via degli Orefici wie der **Osteria del Podestà** (s. S. 74). Später könnte man den Abend in der **Osteria del Sole** (s. S. 81) fortsetzen und ganz in der Nähe der Due Torri ⓴ befinden sich mehrere Nachtklubs, z. B. der **Kinki Club** (s. S. 82), **Arterìa** (s. S. 82) und **Soda Pops** (s. S. 83).

> *Mittelalterliche Architektur an der Piazza di Mercanzia [E4], dahinter erhebt sich der Torre Asinelli* ⓴

EXTRATIPP

Bologna von oben

Wer den Ausblick auf Bologna genießen möchte, muss erst einmal Turmtreppen erklimmen oder auf Hügel kraxeln, denn die Stadt selbst liegt in den Ausläufern der Po-Ebene und das Stadtzentrum ist recht flach. Verschiedene Türme und Aussichtsplattformen bieten einen interessanten Blick über die Dächer. Der höchste Turm ist mit 97,3 m der **Torre Asinelli** ⓴ zu dem 498 Stufen hinaufführen. Ebenfalls über Stufen zugänglich ist der 70 m hohe Campanile der **Cattedrale Metropolitana di San Pietro** ❻. Die Aussichtsplattform der **Basilica di San Petronio** ❺ bietet aus 54 m Höhe einen guten Ausblick auf die benachbarten Gebäude der Innenstadt und ist über Stufen und einen Lift zu erreichen.

Einen weiteren spektakulären Ausblick ermöglichen die grünen Hänge der Apennin-Ausläufer, die Colli Bolognesi, die ganz abrupt am südlichen Stadtrand beginnen. Den steilen Aufstieg über den Pilgerweg zur **Basilica di San Luca** ㉙ kann man vermeiden, wenn man eine Tour mit dem Ausflugsbähnchen San Luca Express von der Piazza Maggiore bucht (s. S. 121). Die Basilika befindet sich auf dem 300 m hohen Colle della Guardia und man wird mit einem Panoramablick über die Stadt belohnt.

Weiter östlich steht **San Michele in Bosco** ㉘ ca. 286 m ü.d.M. Aufgrund einer optischen Täuschung durch das dicke Fensterglas in einem Verbindungsgang der Kirche ergibt sich von hier ein teleskopischer Blick auf den Torre Asinelli, der plötzlich zum Greifen nah scheint. Die Anlage ist u. a. ein Stopp des Stadtspaziergangs Genus Bononiae (s. S. 31).

Das gibt es nur in Bologna

› *Ragù:* Die authentische Bologneser Soße wird hier nach traditionellem Rezept kreiert und in den Restaurants immer mit Eiernudeln wie Tagliatelle serviert.
› *I Portici:* Fast 40 km an überdachten Fußwegen bieten die von der UNESCO geschützten historischen Arkadengänge der Stadt, die sogar bis in die Apennin-Hügel zur Basilica di San Luca ㉙ hinaufführen.
› *Due Torri* ⓴: Bologna hat gleich zwei schiefe Türme aus dem 12. Jh., die mit über 3 m Neigung die Zeiten überdauert haben.
› *Unterirdische Kanäle:* Die Wasserwege Bolognas begründeten den wirtschaftlichen Reichtum der Stadt – an verschiedenen Stellen kann man sie noch sehen.
› *Quadrilatero* ⑩: Im historischen Marktviertel kann man heimische Delikatessen wie Tortellini und Mortadella einkaufen und auch gleich probieren.
› *Museo internazionale e biblioteca della musica di Bologna* ⑱: Dieses einzigartige Musikmuseum ging aus der Sammlung der Accademia Filharmonica hervor, an der Rossini und Donizetti, aber auch Mozart studierten.

2. Tag

Am Vormittag könnte man zunächst dem auf Seite 15 beschriebenen **Stadtspaziergang** durch das Universitäts- und das ehemalige Hafenviertel folgen. An einem schönen Tag könnte man sonst auch eine Fahrt mit dem Bähnchen **San Luca Express** (s. S. 121) zur **Basilica di San Luca** ㉙ unternehmen. Von dem Hügel mit 300 m Höhe hat man nicht nur einen guten Ausblick auf die Stadt in der Ebene, sondern auch auf die Ausläufer des Naturparks des Appenin im Süden. Die Fahrt mit der Bahn bietet auch Kindern ausreichend Unterhaltung und in der Parkanlage der Basilika ist Zeit zum Toben.

Zum Abendessen könnte man in der Via Righi z. B in die **Trattoria Montanara** (s. S. 75) einkehren, aber auch das **La Prosciutteria** (s. S. 74) in der Via Oberdan eignet sich für ein zwangloses Beisammensitzen. Danach könnte man zum Nachtisch in der **Gelateria Majori** (s. S. 78) eine

der Eisspezialitäten probieren. In Musikkneipen wie der **Cantina Bentivoglio** (s. S. 82) oder dem **Bravo Caffè** kann man Konzerten lauschen und im **Dynamo** (s. S. 82) danach noch tanzen gehen.

3. Tag

Am dritten Tag bietet sich z. B. ein Ausflug nach **Ravenna** (s. S. 54) oder **Ferrara** (s. S. 46) an, die man mit dem Zug oder Auto in kurzer Zeit erreicht. Beide Städte eignen sich gut zum Bummeln und locken mit einzigartigen historischen Sehenswürdigkeiten, die zum UNESCO-Weltkulturerbe gehören.

◸ *In der Basilica di San Domenico* ㉕ *sind Kunstwerke der Bologneser Schule (s. S. 38) zu sehen*

Stadtspaziergänge

Spaziergang 1: das Herz der Altstadt

Der im Folgenden beschriebene Spaziergang führt in das touristische Herz der Altstadt mit den wichtigsten Sehenswürdigkeiten, Kirchen und Museen. Zwischendurch ergibt sich immer wieder die Gelegenheit zu einer Rast in einem Lokal in den Gässchen oder unter den Arkaden, wo man die leckeren Spezialitäten aus Bologna kosten kann.

Ausgangspunkt des Spaziergangs, für den man ohne Museumsbesuche ca. vier bis fünf Stunden einplanen sollte, ist die **Piazza Maggiore** ❶ bzw. die **Piazza del Nettuno**, die das Herz der Altstadt bilden. In der Mitte erhebt sich hier der **Palazzo del Podestà** ❷ mit der Touristeninformation.

Auf der Westseite erstreckt sich der weitverzweigte **Palazzo d'Accursio** ❹ mit der städtischen Gemäldegalerie, in der z. B. Werke von Künstlern der Bologneser Schule (s. S. 38) zu sehen sind. Der Palast mit der markanten Turmuhr entstand für den Rechtsgelehrten und Glossator d'Accursio (s. S. 23). Am Nordende ist die Bibliothek **Salaborsa** (s. S. 20) untergebracht, wo man einen Blick auf die Ruinen von Bononia werfen kann, wie die Stadt unter den Römern genannt wurde. Gleich vor der Salaborsa steht der bekannteste Brunnen Bolognas, die **Fontana del Nettuno** mit der gewaltigen Neptunstatue des Bildhauers Giambologna.

Die **Basilica di San Petronio** ❺ nimmt die Südseite des Platzes ein und ist dem Stadtheiligen gewidmet. Von der **Terrazza**, einer Aussichtsplattform in 54 m Höhe, kann man einen Blick über die Dächer der Innenstadt werfen. Danach spaziert man entlang der eleganten Einkaufsstraße **Via d'Azeglio** [D5] in Richtung Süden. Dabei passiert man das Haus, in dem der bekannte Liedermacher **Lucio Dalla** wohnte (s. S. 21). Durch einen kleinen Durchgang beim Innenhof Corte de' Galluzzi auf der linken Seite gelangt man auf die **Piazza Galvani** mit dem Denkmal des Physikers Luigi Galvani (s. S. 29). Dort kann man im **Caffè Zanarini** (s. S. 77) eine Rast einlegen.

Unter den Arkadengängen an der Ostseite des Platzes versteckt sich der Eingang zum historischen Gebäude **Archiginnasio** ⓭, das vom 16. bis 19. Jh. der Sitz der Bologneser Universität war. Bereits in dem sehenswerten Innenhof sieht man die Wappen der einstigen Studenten und Professoren. In den oberen Räumen hat man Zugang zum historischen Anatomiesaal und dem reich dekorierten Hörsaal Stabat Mater, wo 1842 Gioacchino Rossinis gleichnamiges Werk uraufgeführt wurde. Nur wenige Schritte weiter nördlich finden Geschichtsinteressierte das **Museo Civico Archeologico** ⓬ mit vielen archäologischen Fundstücken.

Nun könnte man über die Via Farini, die Piazza Cavour und die Via Garibaldi einen Abstecher zur **Basilica di San Domenico** ㉕ machen. Im Inneren des Dominikanerklosters befindet sich der Sarkophag des Ordensgründers Domenikus, mit dem der Bildhauer **Niccolò dell'Arca** zu Ruhm gelangte. Auch gibt es hier Fresken von Künstlern der Bologneser Schule und sogar eine Skulptur von Michelangelo ist zu sehen. Eine historische Seltenheit sind die Glossatorengräber (s. S. 23) der Universitätsprofessoren auf dem Vorplatz.

Über die Via Rolandino und die Piazza Calderini spaziert man dann zur **Piazza Minghetti**, wo die Terrasse der **Casa Minghetti** (s. S. 77) unter schattigen Bäumen zur einer Rast einlädt. Ganz in der Nähe befindet sich die elegante Einkaufspassage **Galleria Cavour** (s. S. 84) und in der Via Castiglione kann man einen Abstecher in das historische Museum **Palazzo Pepoli** ⓮ machen, wo man alles über die Stadtgeschichte erfährt.

Wieder zurück auf der Piazza Minghetti folgt man nun der Via de' Toschi in Richtung Norden bis zur Via Clavature [E5]. Hier befindet man sich bereits mitten im Marktviertel **Quadrilatero** ❿ und kann nach links einen Abstecher zur **Chiesa di Santa**

> **Routenverlauf im Stadtplan**
> Die hier beschriebenen Spaziergänge sind mit farbigen Linien im Stadtplan eingezeichnet.

Maria della Vita ⓫ machen. Sehenswert ist hier die Skulptur **Compianto del Cristo Morto** von **Niccolò dell'Arca** aus dem 15. Jh.

Gleich neben der Kirche befindet sich der Eingang zum Gastromarkt **Mercato di Mezzo** (s. S. 28), wo man Street Food kaufen und sich zum Mittagessen niederlassen kann. Danach geht man über die Via Drapperie [E5] nach Norden. Hier und in der nach links anzweigenden Via Pescherie Vecchie findet tagsüber der **Frischemarkt** mit Gemüse, Obst, Fisch und Spezialitäten statt. Abends laden die Restaurantterrassen des Viertels zum **Aperitivo** (s. S. 79) ein.

Man folgt nun der Via Drapperie bis zur Kreuzung mit der Via degli Orefici/Via Caprarie [E4] und biegt nach rechts ab. Schon bald sieht man auf der rechten Seite den **Palazzo della Mercanzia** ⓳ aus dem 14. Jh., der früher die Gilden beherbergte und heute Sitz der Handelskammer ist. Hier wird u. a. das authentische Rezept für die Bolognese-Soße (Ragù bolognese, s. S. 71) aufbewahrt. Folgt man der Via Santo Stefano von hier aus nach Südosten, gelangt man zum Kloster **Santo Stefano** ⓯, einem Komplex aus sieben Kirchen, von denen heute noch vier sichtbar sind. Noch erhalten ist z. B. die polygonale byzantinische Kirche **San Sepolcro** aus dem 5. Jh.

Von der Piazza Santo Stefano gelangt man durch die Passage **Corte Isolani** (s. S. 32) auf die **Strada Maggiore**, wo man einige der ältesten Portici (s. S. 18) Bolognas aus Holz bewundern kann. Nach rechts erreicht man das **Museo internazionale e biblioteca della musica di Bologna** ⓲, das an die bekannten Komponisten erinnert, die einst in Bologna studierten und wirkten. Wenn man stattdessen der der Strada Maggiore in die anderen Richtung folgt, kommt man zu den **Due Torri** ⓴, den beiden schiefen Türmen von Bologna, und kann den Aufstieg auf den **Torre Asinelli** wagen. Einst war die Stadt mit fast 180 solchen Türme übersät. Wieder auf festem Boden könnte man in der benachbarten **Gelateria Gianni** (s. S. 77) eine der ausgefallenen süßen oder pikanten Eissorten probieren, die bei den Bolognesern so beliebt sind. Von hier aus führt die Via Rizzoli wieder zur Piazza Maggiore.

◁ *Die langgezogene Einkaufsstraße Via dell'Indipendenza [D4–E2] entstand im 19. Jh.*

Spaziergang 2: durch das Universitäts- und das ehemalige Hafenviertel

Der nachfolgende Spaziergang führt ins Universitätsviertel und begibt sich dann auf die Spuren der ehemaligen Kanäle von Bologna, die einst die Seidenspinnereien betrieben. Hier gewinnt man einen Eindruck, wie das Stadtbild im 19. Jh. aussah.

Der Spaziergang, der ohne Besichtigungen etwa vier Stunden in Anspruch nimmt, beginnt an der **Via Zamboni** [E4–G3], die von den Due Torri ⓴ ins **Universitätsviertel** führt. An der Via del Carro erinnert noch ein Torbogen an das **jüdische Ghetto** aus dem 16. Jh. In der Via Valdonica, die nach rechts von der Via del Carro abzweigt, befindet sich zudem das **Jüdische Museum** ㉑.

Wieder zurück auf der Via Zamboni gelangt man unter langen Arkadengängen bis zur **Piazza Verdi** [F4]. Sie ist ist ein Treffpunkt für Studenten und immer belebt. Hier versteckt sich unter Arkaden auch der Eingang zum **Teatro Comunale** ㉒. Nur ein kleines Stück weiter östlich befinden sich im weitverzweigten **Palazzo Poggi** ㉓ mehrere Museen. Die wissenschaftlichen Museen der Universität sind auf dem Campusgelände verstreut. Gleich um die Ecke steht die **Pinacoteca Nazionale** ㉔, in der bedeutende Werke religiöser Malerei aus den hiesigen Kirchen und Klöstern zu finden sind.

Biegt man stattdessen noch vor der Piazza Verdi von der Via Zamboni nach links in die **Via Marsala** [F4] ab und überquert die Via Oberdan, erblickt man rechts schon bald den **Palazzo Grassi** (Via Marsala 12) mit seinen mittelalterlichen Holzstreben aus dem 13. Jh., ein Vorläufer der moderneren Arkaden. Ein kleines Stück weiter biegt man rechts in die kurze **Via Piella** [E3] ein. Nach einer Weile eröffnet sich der Blick auf ein Stück des **Canale di Reno**, einen von vielen Kanälen, an denen sich einst Seidenspinnermühlen entlangreihten (s. S. 24). Von der Via Piella biegt man nun links in die Via Augusto Righi ab und folgt ihr, bis man auf die **Via dell'Indipendenza** [D4–E2] stößt, in die man nach rechts einbiegt. Die boulevardähnliche Straße entstand im 19. Jh. und führt nach Norden bis zum Hauptbahnhof.

Nun gelangt man in den neueren Teil der Stadt aus dem 19. und 20. Jh., der nach dem Abriss der Stadtmauer entstand. Vorbei am **Parco della Montagnola**, wo im Sommer Jazzkonzerte stattfinden (Montagnola Music, s. S. 91), erreicht man die **Piazza XX Settembre**, wo noch die Überreste der einstigen Stadtmauer und des Stadttors **Porta Galliera** stehen. Man biegt jetzt in die Via Antonio Gramsci ab und folgt dann ab der Piazza dei Martiri 1943–1945 der Via Don G. Minzoni in Richtung Westen. Schon bald sieht man auf der linken Seite das **MAMbo** ⓽, ein Museum für moderne Kunst auf dem Gelände der **Manifattura delle Arti**. Im Café des Museums kann man sich ausruhen, bevor man das Gelände der Kulturfabrik weiter erkundet. An den ehemaligen Hafenanlagen der Stadt steht noch der Salzspeicher aus dem 17. Jh. Das Kino **Cinema Lumière** (s. S. 27) der Cineteca di Bologna befindet sich auch hier.

Durch den **Parco del Cavaticcio** [C2] und über die Via Riva di Reno, die Via Strazzacappe und die Via San Giuseppe gelangt man wieder zurück zur Via dell'Indipendenza, die in Richtung Süden zur Piazza Maggiore ❶ zurückführt, wobei man unterwegs bei der Via Manzoni (rechts) das **Mittelaltermuseum** ❼ im Palazzo Ghisilardi Fava aus dem 15. Jh. passiert. Auf der linken Straßenseite erhebt sich die **Cattedrale Metropolitana di San Pietro** ❻. Die barocke Kirche hat auch eine Aussichtsplattform im Glockenturm, die allerdings nur samstags zugänglich ist.

Nach der Rückkehr bummelt man von der **Piazza Maggiore** ❶ auf der Einkaufsstraße **Via Ugo Bassi** nach Westen. An der Ecke zur Via Nazario Sauro [D4] steht eine Statue, die die Bologneser dem Märtyrerpriester des Risorgimento, **Ugo Bassi** (s. S. 41), gewidmet haben. Unter den Arkaden findet man auch den Eingang zum **Mercato delle Erbe** (s. S. 78). Hier kann man an Gastroständen ein preiswertes Mittagessen einnehmen und den Spaziergang ausklingen lassen.

Altstadt – Zentrum und Nordwesten

Bologna ist bekannt für seine besonders schöne und gut erhaltene Altstadt (Centro Storico). Viele Sehenswürdigkeiten befinden sich gleich im Zentrum rund um die Piazza Maggiore oder nahebei. Fußgängerzonen und lange Arkadengänge ermöglichen einen entspannten und weitgehend verkehrsfreien Bummel.

❶ Piazza Maggiore und Piazza del Nettuno ★★★ [E5]

Bolognas Altstadtkern erhielt sein heutiges Gesicht bereits im 13. Jh. Damals riss man ganze Häuserzeilen ab, um Bauland für öffentliche Gebäude zu gewinnen. So entstanden die beiden Plätze Piazza Maggiore und Piazza del Nettuno, die ineinander übergehen.

Rund um den Platz wurden prachtvolle Paläste erbaut, in denen heute Museen, Geschäfte, Büros und Lokale untergebracht sind. In den 1960er-Jahren verhinderte die kommunistische Stadtverwaltung, dass der Platz mit einem Parkplatz überbaut wurde und initiierte stattdessen die Restaurierung der historischen Gebäude.

Namensgeber der Piazza del Nettuno ist der **Fontana del Nettuno**, der von 1563 bis 1566 erbaut wurde. Wegen der überlebensgroßen, bronzenen Neptunstatue, die den Brunnen dominiert, wird er auch „Il Gigante" genannt. Am Fuß der Statue sitzen vier Nymphen, deren wasserspeiende Brüste viele Jahrhunderte die Bürger mit Trinkwasser versorgten. Der Gesamtentwurf stammt zwar von Baumeister Tommaso Laureti, doch die Neptunstatue geht auf den Belgier Jean Boulogne (ital. Giambologna) zurück. Trotz der historischen Bedeutung des Monuments wurde ein auf Facebook veröffentlichtes Foto des nackten Gottes im Januar 2017 als „sexuell zu explizit" zensiert und entfernt. Den Dreizack Neptuns nahm die Bologneser Automarke Maserati als Inspiration für ihr Logo.

❷ Palazzo del Podestà ★★ [E4]

Die Mitte der Piazza Maggiore wird vom Palazzo del Podestà dominiert. Er entstand um 1200 und diente kurzzeitig als Rathaus. Der älteste noch erhaltene Teil des Gebäudes ist der viereckige **Torre dell'Arengo** aus dem Jahr 1259. Wenn die Glocke des Turms (1453) geläutet wurde, versammelten sich die Bürger der Stadt auf dem Vorplatz. Unter der Regentschaft der Familie Bentivoglio wurde der Palazzo von 1484 bis 1494 im Renaissancestil umgebaut. Hier residierte der *Podestà*, d. h. der Magistrat, der Bologna

Altstadt – Zentrum und Nordwesten

für die Stadtherren verwaltete. Unterhalb des Turms befindet sich der Bogengang **Voltone del Podestà** mit Statuen der heiligen Stadtpatrone Petronio, Procolo, Domenico und Francesco sowie einer Flüstergalerie. Im Erdgeschoss unter den Arkaden findet man außerdem das zentrale Büro der **Touristeninformation** (s. S. 114). Früher fanden auf dem Platz vor den Arkaden Märkte und Messen statt und noch heute ist er bei Festivals und Märkten von Buden und Tribünen gesäumt.

❸ Palazzo Re Enzo ★★   [E4]

Der Palazzo Re Enzo auf der Westseite der Piazza del Nettuno entstand von 1244 bis 1246 für die Justizbehörden der Stadt als Anbau an den Palazzo del Podestà. Nur drei Jahre später wurde er jedoch zum „Gefängnis" für **Enzo di Sardegna** (König Enzio von Sardinien, 1216–1272). Der uneheliche Sohn des Stauferkönigs Friedrich II. lebte hier von 1249 bis zu seinem Tod 1272. Zwar war er Gefangener der papsttreuen bolognesischen Guelfen, er durfte den Palazzo jedoch herrschaftlich bewohnen. Die Guelfen, die mit den kaisertreuen Ghibellinen im Zwist lagen, lehnten die Herrschaft der Staufer ab. In der Schlacht von Fossalta nahmen sie Enzo gefangen und trotz wiederholten Einspruchs seines Vaters wurde er nie wieder freigelassen. Beerdigt wurde Enzo in der Basilica di San Domenico ㉕.

Die Ostseite des Gebäudekomplexes bildet der **Palazzo del Capitano del Poppolo**. Während der *Podestà* von den herrschenden Adelsfamilien eingesetzt wurde, vertrat der *Capitano* die Bürger der Stadt, darunter Kaufleute und Handwerker aus den Gilden. Bologna war die erste Stadt, die 1228 das neue Amt des *Capitano* einführte, um die mächtigen Adelsfamilien zu kontrollieren.

› Piazza del Nettuno 1/c, www.palazzo reenzo.com/en. Nur zu Veranstaltungen geöffnet.

Im Palazzo d'Accursio ❹ mit dem alten Uhrturm ist heute die städtische Gemäldegalerie untergebracht

I Portici – die Arkadengänge von Bologna

*Bologna ist für seine **Portici** bekannt, Arkadengänge, die fast 40 km der Fußwege überspannen. Während solche Arkaden im Mittelalter auch in anderen europäischen Städten verbreitet waren, ist Bologna die einzige Stadt weltweit, in der die zusammenhängende Struktur der Bauten im historischen Straßenverlauf noch fast vollständig erhalten ist. Neue Arkaden entstanden noch bis ins 20. Jh. hinein. Im Jahr 2006 wurde die Altstadt Bolognas ins **UNESCO-Weltkulturerbe** aufgenommen.*

Die Arkaden verdankten ihre Entstehung dem rapiden Bevölkerungszuwachs in Bologna im späten Mittelalter. Der Erfolg der 1098 gegründeten Universität brachte Hunderte von Studenten und Professoren aus dem In- und Ausland in die Stadt, die Unterkünfte suchten. Um innerhalb der Stadtmauern mehr Wohnraum zu gewinnen, baute man vielfach Holzvorbauten an die oberen Stockwerke an, die weit bis auf die Straße hinausragten. Das Gewicht dieser Anbauten wurde teils von diagonalen Streben an der Hauswand, teils von langen Holzbalken gestützt, die einen Säulengang bildeten. Den so entstandenen überdachten Platz vor der Haustür nutzten bereitwillig Handwerker und Ladengeschäfte.

Genaugenommen waren solche Anbauten illegal, da hier Privatbürger ihren Wohnraum auf die Fußwege und Straßen ausdehnten, die ja zum Land der Gemeinde gehörten. Anstatt jedoch den Bau von Arkaden zu erschweren oder zu verhindern, erkannten die Stadtväter deren ökonomischen Nutzen: Die Portiken schafften Wohnraum und schützten gleichzeitig Händler und Bürger vor Regen und Sonne, was dem Handel und damit dem Wohlstand der Stadt zuträglich war. In den Statuten von 1288 wurde daher kurzerhand festgelegt, dass alle Neubauten zwangsläufig mit Portiken versehen werden mussten. Die Fußwege unterhalb der Arkaden mussten allerdings öffentlich zugänglich bleiben, wobei der private Eigentümer für die Pflege und Instandhaltung der Fußwege verantwortlich war. Die Anbauten durften nicht niedriger als 2,70 m sein und nicht zu weit auf die Straße hinausragen, damit Reiter auf Pferden noch passieren konnten. Infolge des Gesetzes musste nun für Bauten ohne Arkaden eine spezielle Genehmigung eingeholt werden und sie wurden zur Seltenheit.

1363 wurde festgelegt, dass die Balkone und ihre Stützen nicht mehr aus Holz gebaut werden durften. Dies wurde weitgehend ignoriert. 1568 bestimmten die Stadtväter, dass alle noch vorhandenen Holzstützen binnen drei Monaten durch neue aus Stein ersetzt werden sollten. Auch dieses Gesetz wur-

Altstadt – Zentrum und Nordwesten 19

de nie wirklich durchgesetzt, sodass sich noch bis zum heutigen Tag einige der alten Holzarkaden erhalten haben, so z. B. beim Eingang zum Corte Isolani (s. S. 32) auf der Strada Maggiore oder beim Palazzo Grassi aus dem 13. Jh. in der Via Marsala Nr. 12 [E3].

Beim Bummeln in den Arkaden, die immer noch vielfach für Geschäftsauslagen und als Caféterrassen genutzt werden, sollte man auf die verschiedenen Baustile aus dem 12. bis zum 20. Jh. achten. Auch die Decken sind einen Blick wert, denn einige sind aufwendig mit Stuck oder Fresken verziert. Besonders grazile Säulen aus der Renaissance, deren Kapitele Porträtköpfe zeigen, finden sich in der Via Santo Stefano in der Nähe der Basilica di Santo Stefano ❻. *Beispiele aus der Spätrenaissance und dem Klassizismus entdeckt man entlang der Via Zamboni [E4-G3]. Die massiven Steinarkaden in der Via dell'Indipendenza [D4-E2], die seit dem 19. Jh. die Innenstadt mit dem Bahnhof verbinden, sind wesentlich breiter und höher angelegt. Besonders elegant ist der Bogengang an der Ostseite der Piazza Maggiore* ❶ *vor dem* **Palazzo dei Banchi**. *Auf dem sogenannten Pavaglione, der 1563 vom Architekten Antonio Terribilia erbaut wurde, flanierte schon damals die betuchte Bevölkerung. Der längste Arkadengang der Stadt ist fast 4 km lang und hat 666 Bögen. Er führt von der Porta Saragozza [B6] steil bergauf zum* **Santuario di Madonna di San Luca** ❷ *und ist gleichzeitig ein Pilgerweg. Die mit fast 10 Metern höchsten Arkadenbögen aus dem 13. Jh. findet man in der Via Altabella beim* **Palazzo Arcivescovile** *(s. S. 22).*

❹ Palazzo d'Accursio (Palazzo Comunale) ★★ [D5]

Der weitverzweigte Palazzo Comunale, auch Palazzo d'Accursio genannt, nimmt die ganze Westseite der Piazza Maggiore ein. Heute beherbergt der Komplex aus verschiedenen miteinander verbundenen Gebäuden das Rathaus, die städtische Kunstgalerie Collezioni Comunali d'Arte und die Stadtbücherei Salaborsa.

Im ältesten Gebäudeteil am Südende mit dem markanten Glockenturm (15. Jh.) wohnten bis zum 13. Jh. die Nachkommen des Rechtsgelehrten **d'Accursio** (s. S. 23), 1336 zogen hier die Stadtältesten ein. Im 14. Jh. verwandelte der päpstliche Legat den Palast in eine Burg, komplett mit Wassergraben und Zugbrücke.

In den ehemaligen, üppig ausgestatteten Gemächern im ersten Stock wie der Sala Urbana ist heute die **Collezioni Comunali d'Arte** mit Werken aus der Zeit vom 13. bis 20. Jh. untergebracht, darunter Werke aus der Bologneser Schule (s. S. 38), z. B. von den Vettern Caracci, da Carpi, Reni, Guercino und Crespi. Über dem Balkon an der Außenfassade des Gebäudes thronte im 13. Jh. eine goldene Statue von Papst Bonifatius VIII., die man heute im Museo Civico Medievale ❼ besichtigen kann. Noch vorhanden ist eine Statue der Madonna mit Kind von **Niccolò dell'Arca** aus dem 15. Jh. Von Alexander Menganti aus dem 16. Jh. stammt die Bronzestatue vom Bologneser **Papst Gregor XIII.**, der 1582 den noch heute gültigen Gregorianischen Kalender einführte.

Im **hinteren Innenhof** unter den Arkaden steht die ehemalige Zisterne. Hier ließ der päpstliche Legat im Mittelalter eine **Grünanlage** (Viridarium) anlegen, in der Ulisse Aldrovandi

San Petronio und Bologna

*Jedes Jahr am 4. Oktober wird der Stadtheilige Bolognas, **San Petronio**, mit einer Prozession gefeiert. Petronio stammte aus einer wohlhabenden römischen Familie und war von ca. 430 bis 450 Bischof von Bologna. Nach seiner Amtseinsetzung soll er das heruntergekommene Bologna durch umfassende Baumaßnahmen vor dem Verfall gerettet haben.*

*Es ist unklar, ob er den Bau des Kirchen- und Klosterkomplexes **Santo Stefano** 15 nach dem Modell der Grabeskirche in Jerusalem in Auftrag gab. Allerdings spürten Benediktinermönche um 1141 im Kloster Petronios Gebeine auf. Schließlich errichtete man ihm zu Ehren die Basilica di San Petronio* 5*, wo heute seine Reliquien aufbewahrt werden.*

*Der Wohltäter und Beschützer der Stadt wird meist mit einem Modell des mittelalterlichen Bologna in der Hand dargestellt, aus dem zahlreiche Geschlechtertürme aufragen. Eine solche Darstellung von Petronio entdeckt man z. B. in einer Skulptur am Hauptportal der Basilica, in mehreren Kunstwerken im Gebäude bzw. im Museum der Kirche und in Gemälden in der **Pinacoteca Nazionale*** 24*, z. B. von Lorenzo Costa und Francesco del Cossa.*

1568 den ersten Botanischen Garten der Stadt gründete, der später nach Nordosten verlegt wurde (s. S. 89).

Am Eingang zur heutigen Multimediabibliothek **Salaborsa** gegenüber vom Neptunbrunnen befindet sich eine Gedenkwand für Bologneser Partisanen, die im Zweiten Weltkrieg von Faschisten getötet wurden. Man betritt einen Innenhof, der im 19. Jh. mit einem wunderschönen Kuppeldach aus Glas und Stahl überdacht wurde, das viel Licht hineinlässt. Der Glasboden im Untergeschoss der Bibliothek erlaubt den Blick auf Überreste der römischen Stadt Bononia (ca. 189 v. Chr.) und mittelalterliche Funde. Man kann direkt in die Ausgrabungen hinuntersteigen und dort auf einem Steg herumspazieren.

› **Collezioni Comunali d'Arte,** Piazza Maggiore 6, Tel. 0512193998, www.museibologna.it, geöffnet: Di-Fr 9-18.30, Sa, So, Fei 10-18.30 Uhr, Eintritt: Erw. 5 €, erm. 3 € (Jugendliche 18-24 Jahre, Rentner) Kinder unter 18 Jahren, Studenten und Behinderte frei)

› **Biblioteca Salaborsa,** Piazza del Nettuno 3, Tel. 0512194400, www.bibliotecasalaborsa.it/documenti/general_information, Ausgrabungen Mo 15-18.30, Di-Sa 10-13.30, 15-18.30, Nov.-Mitte Dezember und 15. Jan.-26. März auch So 15-18.30 Uhr, Eintritt: frei (Spenden erwünscht)

5 Basilica di San Petronio ★★★ [E5]

Die Südseite der Piazza Maggiore wird von der Basilika eingenommen, die dem Stadtheiligen gewidmet ist. Die 1390 als gotischer Backsteinbau unter Antonio di Vincenzo begonnene Kirche hat bis heute eine unfertige Fassade.

Das Hauptportal (Porta Magna) mit Szenen aus dem Alten Testament von 1452 stammt von **Jacopo della Quercia** (1425-1438). 1514 wollte man die Kirche grandios ausweiten – sie

▷ *Die Fassade der Basilica di San Petronio ist bis heute unfertig*

Altstadt – Zentrum und Nordwesten

sollte größer werden als der Petersdom in Rom. Papst Pius IV. verweigerte hierfür jedoch die Geldmittel. Stattdessen steckte man das Geld in den Bau des Universitätsgebäudes Archiginnasio ⓭. So wurde zwar die untere Hälfte der Kirche mit Marmor verkleidet, aber der obere Teil besteht noch immer aus Backstein. Erst 1670 wurde das Gebäude endgültig fertiggestellt. 1530 wurde in der Basilika letztmalig ein Kaiser des Heiligen Römischen Reiches, nämlich Karl V., gekrönt.

Beim Betreten des **Innenraums** offenbart sich ein Langhaus von 132 m Länge, 58 m Breite und 44 m Höhe. Die **Monumentalorgel** stammt aus dem Jahr 1471 und ist die älteste ihrer Art in der Welt. Wer nach unten blickt, entdeckt die in den Boden eingelassene Mittagslinie (Meridian) des Astronomen Cassini aus dem 17. Jh. mit den Symbolen der Sternzeichen.

Die 22 Kapellen einflussreicher Familien sind mit Fresken und Statuen verschiedener Künstler verziert, so auch die **Cappella dei Re Magi**. Sie war die Privatkapelle der Bolognini-Familie und zeigt eine Darstellung von Dantes „Inferno" von **Giovanni da Modena** (1420–1420). Auf dem unteren Teil des Bildes sieht man den Menschen fressenden Luzifer, dem zu Füssen auch der Prophet Mohammed auf das jüngste Gericht wartet. Aufgrund des Gemäldes planten radikale Islamisten bereits mehrfach Anschläge auf die Kathedrale, die aller-

> **EXTRATIPP**
>
> ### Museo Lucio Dalla
>
> Biegt man westlich vom Palazzo dei Notai in die Via d'Azeglio ein, steht man bald vor der Hausnummer 15, wo der italienische **Liedermacher Lucio Dalla** (s. S. 107) wohnte. Jeden Abend um 18 Uhr, nachdem die Turmuhr des Palazzo d'Accursio ❹ die Stunde geschlagen hat, erklingt hier einer seiner bekannten Songs aus einem Lautsprecher. Wo der Balkon seiner Wohnung auf die Piazza de' Celestini blickt, sieht man den aufgemalten Schatten des Saxofon spielenden Liedermachers an der Hauswand.
>
> 🏛1 [D5] **Museo Lucio Dalla**, Via M. D'Azeglio 15, Tel. 051273525, Facebook, geöffnet: nur bei Veranstaltungen

dings vereitelt wurden. Heute wird sie daher ständig von bewaffneten Garden bewacht.

Im **Museum** der Basilika sieht man Kirchenschätze und Kunstwerke sowie die Orignalentwürfe für den Monumentalbau, der nie realisiert wurde.

Die **Terrazza** ist eine Aussichtsplattform in 54 m Höhe, von der man einen guten Blick auf die Dächer der Innenstadt hat (Zugang über Lift oder Stufen).

Westlich der Basilika steht der viereckige, von Dachzinnen gekrönte **Palazzo dei Notai,** der Ende des 13. Jh. entstand. Schreibfedern auf seinem Wappen an der Fassade deuten auf seine Funktion als Sitz der Notargilde hin. Heute befinden sich hier städtische Büros.

› Piazza Galvani 5, 40124 Bologna, Tel. 051231415, www.basilica disanpetronio.org, geöffnet: täglich 7.45–18 Uhr, Cappella dei Re Magi 10–18, Museum Di-Sa 10–17, So, Fei 15–17 Uhr, Terrazza (Eingang Piazza Galvani) täglich 10–13, 15–18 Uhr, Eintritt: Kathedrale und Museum frei, Foto-Ticket 2 €, Cappella dei Re Magi 3 €, Terrazza 3 €. Privattouren auch in deutscher Sprache, buchbar zwei Tage im Voraus unter Tel. 3469491690.

❻ Cattedrale Metropolitana di San Pietro ★★   [E4]

Die **Via dell'Indipendenza** verläuft von der Piazza Maggiore in Richtung Norden bis zum Bahnhof. Die Einkaufsstraße mit Boutiquen, Geschäften und Restaurants entstand Ende des 19. Jh. als Verbindungsachse vom Bahnhof in die Stadt.

Gleich auf der Ostseite erhebt sich die Kathedrale Bolognas, die auch der Sitz des Erzbischofs ist. In den Fundamenten der **Cattedrale Metropolitana di San Pietro** hat man die Überreste einer Rundkirche aus dem 11. Jh. gefunden, wahrscheinlich stand hier aber schon in frühchristlicher Zeit ein Gotteshaus.

1582 wurde die Kirche von Papst Gregor VIII. zur Kathedrale geweiht. Die heutige Kirche, einschließlich Fassade und Portal, stammt weitgehend aus dem 17. und 18. Jh. und weist eine üppige barocke Innenausstattung auf. Im **Kirchenmuseum** kann man die Schätze der ehemaligen Bischöfe bewundern.

Ein Highlight ist der Aufstieg auf den Glockenturm, den **Campanile**, mit 70 m Höhe der zweithöchste Turm der Stadt. Hier oben kann man neben der Aussicht auch die 3300 kg schwere größte Glocke der Stadt bewundern.

Auf der Südseite des Gebäudes weist der **Palazzo Arcivescovile**, der angegliederte Sitz des Erzbischofs in der Via Altabella, die höchsten Arkaden Bolognas auf, deren Bögen ca. 10 m in die Höhe ragen.

› **Cattedrale Metropolitana di San Pietro,** Via dell'Indipendenza 7, Tel. 051222112, www.chiesadibologna.it, geöffnet: tgl. 7.30–18.45 Uhr, Eintritt: frei

› **Campanile,** Via Altabella 6, Sa. 14–16.30 Uhr, Eintritt: 5 €

❼ Museo Civico Medievale (Mittelaltermuseum) ★★   [D4]

Das Museum im Palazzo Ghisilardi Fava aus dem 15. Jh. befindet sich fast gegenüber der Kathedrale in einer Seitenstraße. Schon der **mittelalterliche Innenhof** mit seinen Arkaden und Balustraden, über den man das Museum betritt, ist sehenswert. In dieses Museum wurden **Statuen**

Altstadt – Zentrum und Nordwesten

und **Kunstwerke** der hiesigen Palazzi ausgelagert, so z. B. die Skulptur von Papst Bonifatius VIII. und das Modell für die Neptunstatue. Außerdem sieht man u. a. Renaissanceskulpturen, z. B. von Jacopo della Quercia, und Kirchenschätze der Stadt, u. a. aus dem Kloster San Domenico.

› **Museo Civico Medievale**, Via Manzoni 4, Tel. 0512193930, www.museibologna.it/arteantica, geöffnet: Di–Fr 9–15, Sa, So, Fei 10–18.30 Uhr, Eintritt: 5 €, erm. 3 € (über 65 Jahre und von 18–25 Jahren), jeden ersten Sonntag im Monat Eintritt frei

❽ Basilica di San Francesco ★ [C4]

Nachdem Franz von Assisi 1222 Bologna besucht hatte, vermachte Papst Gregor IX. den Franziskanern ein Baugelände im Westen der Stadt, das noch von den Ruinen des römischen Bononia übersät war. Hierauf errichtete man den heutigen Klosterkomplex.

Das **Innere der Kirche** mit ihrem Rundturm, zwei Glockentürmen und externen Apsisbögen, die zwischen 1251 und 1263 entstand, ist ein gutes Beispiel für französische Gotik in Italien. Der massive **Marmoraltar** ist ein Werk der Venezianer Künstler Jacobello und Pier Paolo dalle Masegne aus den Jahren 1388 bis 1393. Im Südflügel befindet sich der Gedenkstein für den späteren Musikdirektor der Accademia Filarmonica (s. S. 83), **Giambattista Martini**, der 1784 verstarb. Bereits im Alter von 19 Jahren wurde er Kapellmeister der Basilika, gründete eine Musikschule und dirigierte einen renommierten Mädchenchor.

Unter Napoleon wurde die Basilika 1796 entweiht und als Truppenbaracke genutzt, viele Kunstwerke wurden gestohlen oder zerstört. Erst 1886 wurde das Gotteshaus an den Franziskanerorden zurückgegeben.

Von besonderem historischen Interesse sind die **Glossatorengräber**, auf Stelzen bzw. Podesten aufgebahrte, überdachte Sarkophage vor der Kirche. Hier ist unter anderem der **Rechtsgelehrte d'Accursio** (1182–1263) beigesetzt. **Glossen** waren Randbemerkungen, die eine genaue Deutung der klassischen römischen Gesetzestexte erlaubten. D'Accursio, ein Rechtsdozent an der Universität, verfasste die „Glossa ordinaria". In dem Werk fasste er alle vorherigen Randbemerkungen zusammen und schuf so ein neues Standardwerk, das noch Jahrhunderte später benutzt wurde.

› Piazza Malpighi 9, Tel. 0516480611, www.sanfrancescobologna.org, geöffnet: tgl. 6.30–12, 15–19 Uhr

❾ MAMbo (Museo d'Arte Moderna di Bologna) und Museo Morandi ★★★ [C2]

Das Museum für Moderne Kunst ist im Kulturviertel Manifattura delle Arti angesiedelt. Hier wurde in ehemaligen Industrieanlagen rund um den ehemaligen Hafen von Bologna ein Kulturpark geschaffen. Restaurierte und modernisierte Gebäude aus dem 19. Jh. reihen sich nun rund um den Cavaticcio-Park, in dem ein kleiner Kanal noch an den Canale di Reno erinnert, der einst das Hafenbecken mit Wasser füllte.

In einer ehemaligen Tabakfabrik ist die **Cineteca di Bologna** *(s. S. 27) untergebracht, während die alte Papiermühle von der* **Fakultät für Kunst, Musik und Darstellende Kunst** *(***DAMS***) bewohnt wird. Am nördlichen*

Bolognas Kanäle und die Seidenindustrie

Auf den ersten Blick erscheint Bologna nicht gerade wie eine wasserreiche Stadt, denn in der Stadtmitte erspäht man weder einen zentralen Fluss noch andere offene Gewässer. Der Eindruck täuscht jedoch, denn ein fast 60 km langes Netz von Wasserwegen verläuft quer durch die Stadt, allerdings bleibt es weitgehend im Untergrund und tritt nur noch an wenigen Stellen an die Oberfläche.

*Tatsächlich war Bologna ab dem frühen Mittelalter von **Kanälen** und Wasserwegen derart durchzogen, dass man es als „Klein-Venedig" bezeichnete. Schon zur Zeit der Römer gab es hier schiffbare Wasserwege – nicht umsonst ist der auf dem Neptunbrunnen thronende Meeresgott ein Wahrzeichen der Stadt.*

*Die Kanäle waren geniale Konstruktionen aus dem frühen 12. Jh.: Mithilfe eines hydraulischen Systems von Schleusen und Kanälen leitete man damals Wasser aus den benachbarten Flüssen Reno im Westen und Savena im Südosten in die Stadt um. Der **Canale di Reno** wurde bereits ab dem 12. Jh. durch eine große Schleuse bei Casalecchio gespeist. Alle Kanäle mündeten im Nordwesten der Stadt in den **Canale Navile**, der dann etwa 40 km flussabwärts wieder in den Reno zurückfloss. Der Reno war bis zum 18. Jh. noch durchgängig mit dem Po verbunden, sodass man direkt mit den Häfen an der Adria bis nach Venedig verbunden war. Der einzige natürliche Wasserlauf in Bologna ist der Bach **Aposa**, der noch heute unterhalb der Altstadt fließt. Er wurde durch den **Canale delle Moline** verlängert und ebenfalls mit dem Canale Navile verbunden.*

Das Wasser trieb Hunderte von Mühlen an, die den Reichtum der Stadt begründeten. So reihten sich am

*Canale delle Moline Getreidemühlen aneinander, die die Stadt mit Mehl versorgten, an anderer Stelle fanden sich Färbereien und Papierfabriken. Für neugierige Augen unsichtbar waren jedoch die **Seidenmühlen**, deren wasserbetriebene Spinnmaschinen als Industriegeheimnis gut gehütet wurden. Von außen waren die Spinnereien mit einer normalen Hausfassade (ohne Fenster) getarnt, während kleine Seitenkanäle das Wasser zu den Mühlen im Innern umleiteten.*

*Obwohl Seide auch anderswo in Norditalien gesponnen wurde, gelangte Bologna durch die revolutionäre technologische Innovation eines gewissen Bolognino di Barghesano im Jahr 1341 an die Vorfront. Er erfand eine Seidenhaspel- und Zwirnmaschine, die durch Wasserantrieb Seidenfäden maschinell fertigen und die Arbeit von bis zu 4000 Spinnerinnen verrichten konnte. Ein Jahrhundert später hatte man die Technik weiterentwickelt und Bologna wurde zu einem der führenden Seidenproduzenten in Europa. Die so ersponnenen Fäden hatten eine sehr hohe Qualität und waren im Ausland gefragt, zudem hatten sich bis dahin weiterverarbeitende Industrien wie Seidenwebereien und Kleiderfabrikanten entwickelt, mit denen man die Fäden gleich vor Ort verarbeitete und die fertigen Produkte dann exportierte. Den Nachbau einer Bolog-neser Spinnmaschine, einer sogenannten **Seidenfilande**, wie sie damals in Betrieb waren, kann man heute noch im **Museo del Patrimonio Industriale** (s. S. 69) besichtigen. Hierhin gelangt man z. B. auf einem Spazier- und Radweg entlang des alten Canale Navile.*

*Innerhalb der Altstadt weist heute fast nichts mehr auf die verzweigten Wasserwege von damals hin. Der Canale di Reno verläuft unterirdisch unterhalb der Via Riva di Reno. Nördlich von dort, auf dem Parkgelände des heutigen Kulturzentrums **Manifattura delle Arti** (s. S. 23), erstreckte sich noch bis ins frühe 20. Jh. der Hafen Bolognas, im Mittelalter einer der größten Flusshäfen Italiens. Wandert man von der Manifattura delle Arti auf der Via Minzoni in Richtung Osten, gelangt man zum Giardino della Montagnola. Östlich davon, in der **Via Capo di Lucca Nr. 10**, stehen noch Gebäude des einstigen Müllerviertels. Südlich von ihm, zwischen der Via Oberdan und der Via dell'Indipendenza, eröffnet sich in der **Via Piella** eine Aussicht auf das „venezianische Bologna". Hier blickt man auf ein Stück des versteckten Canale di Reno, der aufgrund eines künstlichen Gefälles durch Staustufen noch heute lustig vor sich hinplätschert.*

Obwohl an vielen Stellen Falltreppen und Türchen zu den Wasserwegen führen, sind diese aus Sicherheitsgründen heutzutage nicht mehr zugänglich. Es gibt allerdings Pläne, die Kanäle in Zukunft für Besichtigungstouren zu öffnen - falls die finanziellen Mittel der Stadt eine Restaurierung erlauben.

◁ *Im Mittelalter war Bologna von Kanälen wie dem Canale di Reno durchzogen und machte Venedig Konkurrenz*

Altstadt – Zentrum und Nordwesten

Rand des Geländes steht noch der **alte Salzspeicher Salara** aus dem Jahr 1785 und östlich davon sieht man die alte **Brotfabrik** aus dem Jahr 1915, in der heute das **MAMbo** beheimatet ist. Hier wird in luftigen Räumen moderne italienische Kunst von der Nachkriegszeit bis heute gezeigt. Darunter sind Werke von Künstlern der Bewegung Arte Povera der 1960er-Jahre, abstrakte Kunst der Gruppe Forma 1 und Arbeiten zeitgenössischer italienischer und internationaler Künstler.

Momentan ist auch das **Museo Morandi** hierhin ausgelagert. Giorgio Morandi (1890–1964) studierte an der Akademie der Schönen Künste und verbrachte sein ganzes Leben in Bologna. Morandi ist heute besonders bekannt für seine nüchternen Stillleben und gilt als ein Vorreiter des Minimalismus.

› **MAMbo (Museo d'Arte Moderna di Bologna) und Morandi Museum,** Via Don Minzoni 14, Tel. 0516496611, www.mambo-bologna.org, geöffnet: Di, Mi, So, Fei 10–18, Do–Sa 10–19 Uhr, Eintritt: 6 €, erm. 4 € (über 65 J., von 18–25 J.), jeden ersten Sonntag im Monat Eintritt frei

KURZ & KNAPP

Erdbeben

Bologna fällt in eine **Kategorie niedriger seismischer Aktivität** und zählt nicht zu den primär durch Erdbeben gefährdeten Gebieten in Italien. Am 20. Mai 2012 kam es jedoch zu einem **Beben in Medolla**, ca. 35 Kilometer nördlich von Bologna, bei dem sieben Menschen starben und Gebäude zu Schaden kamen. Ein erneutes Beben am 29. Mai in der Nachbarstadt **Mirandola** kostete 29 Menschenleben und wurde in ganz Norditalien registriert. Bei dem Beben wurde u. a. einer der Türme des Castello Estense 31 in Ferrara beschädigt und auch Teile des Palazzo Comunale 4 in Bologna wurden in Mitleidenschaft gezogen. Aus diesem Grund wurde das normalerweise dort beheimatete Museo Morandi vorübergehend ins MAMbo 9 verlegt.

Das MAMbo 9 befindet sich in der renovierten Fabrikanlage Manifattura delle Art

Cineteca di Bologna

Die **Cineteca di Bologna** in der Via Riva di Reno ist mit mehr als 40.000 Filmkopien eines der größten Filmarchive in Europa. In der zugehörigen **Biblioteca Renzo Renzi** hat man Zugang zum Filmerbe aus 37 Ländern. Darunter befinden sich ca. 18.000 Archivfilme von den Anfangszeiten des Kinos bis heute, daneben Fotos und Textmaterial, Plakate, Soundtracks, Dokumentationen, etc.

Bereits in den 1960er-Jahren beschloss die Stadt Bologna, das filmische Erbe der Region Emilia-Romagna zu bewahren: Fast alle einschlägigen Regisseure des neorealistischen Films stammten aus der Gegend, so z. B. Pier Paolo Pasolini (Bologna), Michelangelo Antonioni (Ferrara), Bernardo Bertolucci (Parma), Federico Fellini (Rimini). Die alten Filme werden katalogisiert, restauriert und digitalisiert, um sie dem Publikum wieder zugänglich zu machen. In den Genuss der Filme kommt man z. B. im hauseigenen Kino **Cinema Lumière**, das in einem Gebäudekomplex nahe dem MAMbo ❾ untergebracht ist. Ein Muss für Filmfans ist das alljährliche Filmfestival **Cinema Ritrovato** Ende Juni bis Anfang Juli (s. S. 91), bei dem sich die Piazza Maggiore ❶ in ein Open-Air-Kino verwandelt und eine Auswahl an Archivfilmen gezeigt wird.

› **Cineteca di Bologna,** www.cinetecadibologna.it/en/
🅱 2 [C2] **Biblioteca Renzo Renzi,** Via Azzo Gardino 65/b, www.cinetecadibologna.it/biblioteca, Di–Fr 13.30–19.30, Sa. 11–17 Uhr
› **Cinema Lumière,** Via Azzo Gardino 65, Tel. 0512195311, www.cinetecadibologna.it/en/lumiere, geöffnet: Mo–So
› **Cinema Ritrovato Festival,** https://festival.ilcinemaritrovato.it/en

Altstadt Ost

Südlich und östlich von der Piazza Maggiore bewegt man sich durch die mittelalterliche Geschichte Bolognas. Hier befinden sich einige der ältesten Gebäude und Plätze der Stadt, vom alten Markt im Viertel Quadrilatero, wo bereits zur römischen Zeit Markt abgehalten wurde, über die Basilica di Santo Stefano aus dem 5. Jh. bis hin zum alten Sitz der Universität Archiginnasio.

❿ Quadrilatero – das Marktviertel ★★★ [E5]

Die Ostseite der Piazza Maggiore wird von den Arkaden vor dem Palazzo dei Banchi bestimmt. Im Mittelalter bauten hier die Geldwechsler und Kreditgeber ihre Stände auf. Während der Renaissance entstanden die eleganten, Pavaglione genannten Arkadengänge, in denen die feine Gesellschaft flanierte. Dahinter erstreckt sich über mehrere Gassen das ehemalige Marktviertel Quadrilatero.

Im Mittelalter boten die Handwerksgilden im Quadrilatero ihre Waren an und noch heute bauen die Ladenbesitzer ihre Auslagen vor den Geschäften auf. Neben einem **Frischemarkt** in der Via Pescherie Vecchie [E5] (Mo–Sa 7–14 Uhr) gibt es z. B. Delikatessgeschäfte, feine Boutiquen und Gastronomiebetriebe.

Die Namen der Gässchen geben Aufschluss über die **Zünfte**, die hier einst ihren Sitz hatten, so die Via Pescherie Vecchie (Fischereiprodukte) oder Via Drapperie (Weber und Schneider). In der Via Clavature findet man auf drei Etagen den modernen **Mercato di Mezzo** mit Gourmetimbissen, die Spezialitäten aus Italien und der Emilia-Romagna anbieten.

⓫ Chiesa di Santa Maria della Vita ★★ [E5]

Die ehemalige Klosterkirche der Flagellati (Geißelorden) mit angeschlossenem Hospital wurde gegen Ende des 17. Jh. komplett restauriert und erstrahlt innen in gleißendem Barock. Heute ist die Kirche Teil des Rundgangs **Genus Bononiae** (s. S. 31).

Die Hauptattraktion ist eins der Meisterwerke italienischer Bildhauerei, „**Compianto del Cristo Morto**" von **Niccolò dell'Arca**. Die ausdrucksstarke Figurengruppe aus Terrakotta, die Mitte des 15. Jh. entstand, zeigt das Wehklagen Marias und der Jünger über den Tod Christi. In der für ihre Zeit sehr modern wirkenden Darstellung scheinen die Emotionen und Bewegungen gleichsam eingefroren.

› **Chiesa di Santa Maria della Vita,** Via Clavature 8–10, Tel. 051230260, www.genusbononiae.it/en, geöffnet: Di, So 10–19 Uhr, Compianto 10.30–18.30 Uhr, Eintritt Erw. 3 €, erm. 1 €, Kinder unter 5 Jahren und mit Genus-Bononiae-Ticket (s. S. 31) frei

Das Viertel ist auch abends belebt, dann werden die Außenterrassen der Delikatessgeschäfte und Bars zu entspannten Treffpunkten der Einwohner.

🎧3 [E5] **Mercato di Mezzo** €-€€, Via Clavature 12, Tel. 051228782, Facebook, geöffnet: tgl. 9–24 Uhr

◲ *Frischemarkt (s. S. 27)*
in der Via Pescherie im Quadrilatero

▷ *Der restaurierte Anatomiesaal*
im Archiginnasio

⓬ Museo Civico Archeologico (Archäologisches Museum) ★★ [E5]

Von der Piazza Maggiore gelangt man in südlicher Richtung zum Palazzo Galvani aus dem 15. Jh., an dem sich das archäologische Museum der Stadt befindet. Bereits 1881 gegründet, ist es eines der wichtigsten archäologischen Museen Italiens. Besonders interessant sind die Funde aus der **Frühzeit der Region**, z. B. aus der eisenzeitlichen Villanova-Kultur, und Funde aus dem Zeitalter der **etruskischen Stadt Felsina** mit Grabbeigraben, die auf dem Friedhof von Certosa gefunden wurden. Auch Artefakte aus dem **römischen Bononia** sind ausgestellt.

Das Museum beherbergt zudem eine der größten Sammlungen **ägyptischer Artefakte** in Italien. Daneben finden sich **griechische, römische und byzantinische** Funde, u. a. aus dem sizilianischen Magna Graecia.

› Via dell'Archiginnasio 2, Tel. 0512757211, www.museibologna.it/archeologicoen, geöffnet: Di–Fr 9–15, Sa, So, Fei 10–18.30 Uhr, Eintritt: 5 €, 18–25 Jahre und ab 65 Jahren 3 €, jeden ersten Sonntag im Monat Eintritt frei

KURZ & KNAPP

Luigi Galvani

Auf der Piazza Galvani [E5] steht eine **Statue des Physikers Galvani** (1737–1798). Im Jahr 1780 entdeckte der Wissenschaftler an der hiesigen Universität im Rahmen seiner Experimente zur „tierischen Elektrizität" an Froschschenkeln per Zufall den **Galvanismus**, die Muskelkontraktion durch elektrischen Strom. Die Statue für den Bologneser Physiker, dessen Entdeckungen den Grundstein für die spätere Elektrophysiologie bildeten, wurde 1879 aufgestellt.

⓭ Archiginnasio – historische Universität ★★★ [E5]

Die Alma Mater Studiorum wurde bereits 1088 von Studenten für Studenten gegründet und gilt als die älteste Universität Westeuropas. Der Beiname Bolognas, „La Dotta" („Die Gelehrte"), geht nicht zuletzt auf diese Lehranstalt zurück. Das erste Studienfach waren die Rechtswissenschaften, nachdem der Rechtsgelehrte Irnerio (Wernerius) die sogenannte Glossatorenschule (s. S. 23) ins Leben gerufen hatte.

Bis ins 16. Jh. hinein fand der Unterricht in gemieteten Räumen statt. Auch die beiden Kirchen San Francesco ❽ und San Domenico ㉕ waren Anlaufpunkte für Studenten, die damals durch ihre Gebühren das Gehalt der Scholaren, also ihrer Lehrer, bezahlten.

Das Gebäude des Archiginnasio, entworfen vom Architekten **Antonio Morandi** (genannt Terribilia), entstand 1563 im Rahmen einer umfangreichen Neugestaltung des Stadtzentrums. Es beheimatete zwei Fakultäten, eine für Rechtswissenschaften und eine für Natur- bzw. Humanwissenschaften wie Medizin, Mathematik, Philosophie und Logik. Decken und Wände des Atriums, der oberen Gänge, Treppen und Säle wer-

den von den **Familienwappen** der illustren Professoren und Studenten bzw. Studentenvereinigungen geziert. Schon allein mit dem Betrachten dieser fantasievollen Wappen kann man Stunden verbringen. Es ist nicht verwunderlich, dass die Studenten und Professoren damals solche Ehrungen erhielten, denn sie brachten nicht nur internationale Anerkennung für die Lehranstalt, sondern auch bare Münze in die Stadt, schließlich mussten sie verköstigt, gekleidet und beheimatet werden. Hiervon profitierten die Handwerksgilden, was wiederum zum **allgemeinen Wohlstand** beitrug.

Die Namensliste der **Absolventen** des international renommierten Instituts reicht von Thomas Becket über Erasmus von Rotterdam und Kopernikus bis zu Dante Alighieri und Carlo Goldoni.

Zu besichtigen ist auch das **Teatro Anatomico**, der alte Anatomiesaal aus dem Jahr 1637, der wie ein Amphitheater angelegt ist. Der Saal der Mediziner weist u. a. zwei aus Holz geschnitzte Statuen „ohne Haut" auf, die einen kleinen Baldachin stützen. Er wurde im Zweiten Weltkrieg stark zerstört und aus den Trümmern rekonstruiert, was eine kleine Fotodokumentation belegt. Dagegen war der reich mit Buchregalen und Wappen ausgestattete **Stabat-Mater-Hörsaal** einst Sitz der Juristen. Er erhielt seinen heutigen Namen, nachdem das gleichnamige Werk Gioachino Rossinis (s. S. 106) hier aufgeführt worden war.

Bis 1803 verblieb die Universität im Archiginnasio, bevor man in den Palazzo Poggi ㉓ umzog. Heute beheimatet das Gebäude zudem die mit Fresken und antiken Buchschränken ausgestattete **Biblioteca Comunale di Archiginnasio** mit einem großen Schatz an antiken Manuskripten und seltenen Büchern (Eintritt zur Bibliothek nur mit Lese- oder Studentenausweis).

› Piazza Galvani 1, Tel. 051276811, www.archiginnasio.it, geöffnet: Mo–Fr 10–18, Sa 10–19, So 10–14 Uhr, Eintritt: 3 €, Kinder und Jugendliche unter 18 Jahren frei

Die Wissenschaftlerin Laura Bassi

1732 war die Universität von Bologna die erste akademische Lehranstalt in Europa, die eine Professur an eine Frau vergab. Die hochbegabte Bologneserin Laura Bassi (1711–1778) wurde zunächst Ehrenmitglied der Akademie für Wissenschaften und promovierte 1732 in Philosophie.

Noch im selben Jahr erhielt sie den Lehrstuhl für Naturphilosophie (d. h. Physik) an der Universität. Leider durfte sie nur wenige Vorlesungen halten, da diese jedes Mal vom Magistrat genehmigt werden mussten. Damit die Studenten nicht von ihrer Weiblichkeit abgelenkt wurden, musste sie dabei außerdem hinter einem Vorhang sitzen.

Lebenslang stritt Bassi gegen diese Ungleichheiten zwischen männlichen und weiblichen Lehrkräften. Sie unterhielt wissenschaftliche Zirkel und korrespondierte mit namhaften Scholaren ihrer Zeit von Volta bis Voltaire. Im Anatomiesaal des Archiginnasio ⑬ wird ihre Promotionsurkunde ausgestellt. Die dortige Bibliothek bewahrt mehrere ihrer Abhandlungen zu Themen wie Mechanik, Hydraulik und Mathematik auf.

Genus Bononiae

Bononia war der Name, den die Römer Bologna gaben. Unter dem Stichwort „Genus Bononiae" (etwa: „die Menschen von Bononia") kann man bei einem Rundgang durch die Altstadt insgesamt sieben Gebäude entdecken, in denen Geschichte und Kunst der Stadt aus verschiedenen Epochen gezeigt wird.

Außer dem Palazzo Pepoli sind der Palazzo Fava, die Casa Saraceni sowie die Kirchen Santa Maria della Vita, Santa Christina, San Giorgio in Poggiale und San Colomban Teil des Rundgangs.

› **24-Stunden-Sammelticket Genus Bononiae**, Erw. 8 €, Senioren 7 €, Studenten 5 €

⓴ Palazzo Pepoli mit Museo della Storia di Bologna ★★ [E5]

Der **Spaziergang „Genus Bononiae"** (s. oben) beginnt **im Palazzo Pepoli**, wo man einen Überblick über die lange **Entstehungsgeschichte der Stadt** gewinnt – von den Ursprüngen des etruskischen Felsina bis in die Gegenwart. In den thematisch und chronologisch angeordneten Räumen sieht man u. a. Renaissancewerke aus der Sammlung der einflussreichen Familie Bentivoglio, die vom 15. bis zum 16. Jh. die Stadt regierte. Mit dem Bau des Palastes begann die Familie Pepoli im 13. Jh. und bis 1910 war das Haus noch in ihrem Besitz. 2003 entstand durch den Architekten Mario Bellini das moderne Museum.

› **Palazzo Pepoli**, Via Castiglione 8, 40124 Bologna, Tel. 05119936370, www.genusbononiaeblog.it/en/who-we-are, geöffnet: Di–So 10–19 Uhr, Eintritt 10 €, erm. 8 € oder mit Sammelticket Genus Bononiae (günstiger!)

⓯ Basilica di Santo Stefano ★★★ [F5]

Die Ursprünge des verwunschenen Kirchen- und Klosterkomplexes, auch Sette Chiese genannt, gehen auf das 4. Jh. zurück. Hier sind byzantinische, romanische und gotische Elemente vereint. In der Eingangshalle verdeutlicht eine Schautafel, wie über einem römischen Isis-Tempel nach und nach die sieben Kirchen entstanden.

Heute spaziert man durch labyrinthartig verbundene Gemäuer und Innenhöfe – allerdings sind nur noch vier Kirchen sichtbar, von den anderen existieren nur noch die Grundmauern. Der Legende nach geht die Anlage auf San Petronio um 430 zurück und sollte eine Nachbildung der heiligen Stätten in Jerusalem darstellen. Dies ist jedoch historisch nicht belegt. Man betritt den Komplex durch die **Chiesa del Crocifisso** aus dem 8. Jh., die auf die Langobarden zurückgeht. Am Westrand des Komplexes steht die älteste Kirche, die **Chiesa di SS Vitale e Agricola**. Sie beheimatet die Gebeine der frühchristlichen Bologneser Märtyrer Vitale und Agricola.

Die Ursprünge der polygonalen Kirche **San Sepolcro** gehen auf das 5. Jh. zurück. Sie ist an den Außenwänden mit mehrfarbigen Mosaiken verziert. Bis ins Jahr 2000 wurden hier die Gebeine von San Petronio (s. S. 20) aufbewahrt. Dahinter schließt sich der Kreuzgang **Cortile di Pilato** aus dem 13. Jh. mit einem langobardischen Taufbecken aus dem 8. Jh. an.

An der Nordseite befindet sich die unfertige **Chiesa della Trinità** bzw. Kalvarienkirche, die unter den Langobarden als Baptisterium genutzt wurde. Danach betritt man den Kreuzgang des heutigen **Benediktinerklosters** mit einer Zisterne. Dort ist

der Eingang zum **Museum,** wo Statuen und Kunstwerke aus den Kirchen ausgestellt sind.

Der Vorplatz der Basilica, die **Piazza Santo Stefano,** ist von schönen Arkadengängen eingerahmt, die zum Corte Isolani (s. links) führen. Bemerkenswert sind die ausgefallenen Porträtköpfe, die die Fassade über den Kapitellen der Arkadensäulen schmücken.

› **Abbazia di Santo Stefano,** Via Santo Stefano 24, Tel. 0514126177, http://abbaziasstefano.wixsite.com/abbaziasstefano, geöffnet: tägl. 8–19 Uhr, Eintritt frei, Spende erwünscht

⓰ Chiesa di Santa Maria dei Servi ★★ [G5]

Die Chiesa Santa Maria dei Servi entstand von 1346 bis 1389 für den Serviterorden und ist ein schönes Beispiel für **gotische Architektur** in Bologna. Von der Straße aus ist die Kirche kaum sichtbar, denn ihr Vorplatz wurde im 16. Jahrhundert rundum mit Kreuzgängen umbaut, die heute auf zwei Seiten als Arkadengänge zur Straße hin geöffnet sind. Die Fassade ist schlicht, aber im Inneren warten einige **bedeutende Kunstwerke** auf, so z. B. die Madonna auf dem Thron von Cimabue aus dem 13. Jh. und Fresken aus der Zeit vom 14. bis 18. Jh. von Vitale di Bologna, Lippo di Dalmasio etc. sowie Gemälde aus der Bologneser Schule, z. B. von Crespi und Albani.

Während des Bologna Festivals (s. S. 90) finden in der Kirche klassische Konzerte internationaler Interpreten statt.

› Strada Maggiore 43, Tel. 051226807, http://prg.servidimaria.net, geöffnet: Winter tgl. 7.30–12.30, 15.30–19 Uhr, Sommer tgl. 7.30–12.30, 16–20 Uhr, Eintritt frei

---

KLEINE PAUSE

Corte Isolani

Die Corte Isolani ist eine **kleine überdachte Passage** zwischen der Via Santo Stefano und der Strada Maggiore mit Boutiquen, Kunstgalerien und Gastronomiebetrieben wie dem **Caffè della Corte** (s. S. 74).

Von der Piazza Santo Stefano betritt man die Passage durch das luftige Atrium des **Palazzo Isolani,** der 1451 für die Familie Bolognini gebaut wurde. Hat man die modern restaurierte Passage durchquert, steht man auf der **Strada Maggiore,** die einige der ältesten Arkaden und Paläste der Stadt aufweist. Das Portal zur Casa Isolani, die dort den Eingang bildet, steht noch auf den mittelalterlichen Holzstelzen und ist eines der bedeutendsten Beispiele romanisch-gotischer Architektur in Bologna.

★4 [F5] **Corte Isolani,** Via Santo Stefano 18/Strada Maggiore 19, https://corteisolani.it/

Altstadt Ost

Pasolinis Geburtshaus
Pier Paolo Pasolini wurde am 5. März 1922 in der Via Borgonuovo Nr. 4 geboren. Der kontroverse Poet, Publizist und Regisseur erlangte in den 1960er-Jahren durch sozialkritische, neorealistische Filme wie „Mamma Roma" internationale Anerkennung. Die späteren Werke des homosexuellen Künstlers sind sexuell explizit, so z. B. der Film „Il Decameron" nach Giovanni Boccaccios „Decamerone", einem der markantesten und anzüglichsten Werke europäischer Literatur aus dem Mittelalter. Sein letzter Film, „Die 120 Tage von Sodom" nach dem Buch des Marquis de Sade ist bis heute in vielen Ländern verboten. Pasolini wurde 1975 von unbekannten Tätern brutal ermordet: Er wurde mit seinem eigenen Auto überfahren.

● 5 [F5] **Geburtshaus von Pier Paolo Pasolini**, Via Borgonuovo 4

⓱ Museo Davia Bargellini und Museo Civico d'Arte Industriale (Museum für Industriekunst) ★★ [G5]

Das Museum für Industriekunst ist genaugenommen eigentlich ein **Museum für Design des 18. Jh.** und schon der Palazzo selbst, in dem die Schaustücke und Gemälde untergebracht sind, ist sehenswert. Er wurde 1638 für Camillo Bargellini gebaut, 1839 erbte ihn die Familie Davia, die ihn bis 1874 bewohnte. Das große Eingangstor wird von den Statuen zweier riesiger Atlas-Statuen des Bildhauers Gabriele Brunelli flankiert. Innen erhält man einen guten Eindruck vom herrschaftlichen Leben zur Zeit des italienischen Barock. Zu sehen ist eine beeindruckende **Gemälde- und Skulpturensammlung**, z. B. mit Stücken aus der Zeit vom 14. Jh. (z. B. die Pietà von Simone dei Crocifissi) und Familienporträts, die die Barghellinis in Auftrag gaben. Herausragend sind jedoch vor allem die ausgestellten **Dinge des alltäglichen Gebrauchs**, vom Marionettentheater bis hin zur vergoldeten Kutsche aus dem späten 18. Jh.

❯ **Museo Davia Bargellini und Museo Civico d'Arte Industriale**, Strada Maggiore 44, Tel. 051236708, www.museibologna.it/arteantica, geöffnet: Di–Sa 9–14, So, Fei 9–13 Uhr, geschl.: Mo (außer Feiertage), Eintritt: frei

⓲ Museo internazionale e biblioteca della musica di Bologna ★★★ [F5]

Dieses einzigartige Museum im Palazzo Sanguinetti, das in der UNESCO City of Music (s. S. 106) einen besonderen Stellenwert hat, ging aus der Sammlung der international anerkannten Accademia Filarmonica aus dem 17. Jh. hervor. Die Accademia genoss in der internationalen Musikwelt große Anerkennung.

Eine wichtige Rolle in der Geschichte der Institution spielte der **Franziskanerpater Giambattista Martini**. Ab dem Jahr 1758 unterrichtete der begabte Musiker in der bereits 1666 gegründeten Akademie und schuf Verbindungen in die ganze Welt. Über die Jahrhunderte besuchten auch viele internationale Künstler wie Mozart, Gluck und Wagner die Musikakademie.

Martini begann **Notenpapiere, Instrumente** und **persönliche Gegenstände** von Musikern zu sammeln, die an

◁ *Der Vorplatz des Kirchenkomplexes Santo Stefano* ⓯ *ist einer der lauschigsten Orte in Bologna*

der Akademie verkehrten. Heute finden sich hier nicht nur Ausstellungsstücke, die an Bologneser Künstler wie Gioacchino Rossini und Ottorino Respighi erinnern, sondern auch zahlreiches Material über internationale Musiker. Zudem finden Wechselausstellungen statt.
> Strada Maggiore 34, Tel. 0512757711, www.museibologna.it/musica, geöffnet: Di-Fr 9-18.30, Sa, So, Fei 10-18.30 Uhr, Eintritt: 5 € (19-65 Jahre), erm. 3 €, jeden ersten Sonntag im Monat Eintritt frei

⑲ Palazzo della Mercanzia ★ [E5]

Antonio di Vincenzo, der auch die Basilica di San Petronio ⑤ erschuf, war von 1384 bis 1391 für den Bau des Zollhauses verantwortlich, in dem später die Zünfte ihren Sitz hatten.

Das **gotische Backsteingebäude** an der Piazza della Mercanzia mit Arkaden und einem mit Baldachin versehenen Balkon beherbergt seit 1811 die **Bologneser Handelskammer**. Hier werden heute die authentischen **Rezepte für Bologneser Spezialitäten** aufbewahrt, so z. B. für Ragù bolognese, Tagliatelle und Tortellini, die hier erfunden wurden.

Von dem Balkon des Gebäudes wurden früher Dispute zwischen Händlern geschlichtet, schon im Mittelalter gab es übrigens ein Berufsgericht. An der Mauer, die auf die Via Castiglione zeigt, ist ein Stein mit einer Inschrift aus dem 15. Jh. eingelassen: Er garantierte die **Steuerfreiheit für Studenten**, die einen hohen Status hatten und daher Sonderprivilegien genossen.
> Piazza della Mercanzia 4, Tel. 0516093111, www.bo.camcom.gov.it, geöffnet: Mo-Fr 8.45-12.15, Mo, Do auch 15-16.30 Uhr. Es kann nur die Eingangshalle besucht werden.

Universitätsviertel

Vorbei an den schiefen Türmen Due Torri ⑳, die zu einem Wahrzeichen Bolognas geworden sind, führen mehrere Straßen in den Osten der Stadt. Auf der Via Zamboni gelangt man ins moderne Universitätsviertel, wo sich vor den Fakultäten die Fahrräder stapeln und die Hauswände mit Graffiti, Plakaten und Notizzetteln übersät sind. In den Gassen zwischen der Via Zamboni und der nördlich liegenden Via Marsala findet man unzählige Copyshops, preiswerte Cafés und Restaurants.

Die **Piazza Verdi** [F4] ist der Dreh- und Angelpunkt des Viertels: Hier trifft man sich zum Demonstrieren und zum Feiern der Laurea (s. S. 37), oder um in Kneipen wie der Cantina Bentivoglio (s. S. 82) zu schwatzen oder bis in die frühen Morgenstunden durchzufeiern.

Die Universität beherbergt zahlreiche **wissenschaftliche Museen**, die im **Palazzo Poggi** ㉓ untergebracht sind. Gleich um die Ecke befindet sich die **Pinakothek** ㉔, die Nationalgalerie. In der Via Zamboni 14 [F4] befindet sich noch eines der ehemaligen **Eingangstore des jüdischen Ghettos** (Ghetto Ebraico), in das Papst Paul IV. ab 1555 die Juden der Stadt verbannte.

▷ *Die Due Torri - Torre Garisenda und Torre Asinelli - sind Wahrzeichen der Stadt*

⓴ Due Torri ★★★ [E4]

Die Due Torri an der Porta Ravegnana sind zu Symbolen der Stadt geworden und seit Jahrhunderten ein Orientierungspunkt für Reisende. Sie waren einst Wachpunkte an der römischen Via Emilia, die etwa dem Lauf der heutigen Strada Maggiore folgte und bis nach Ravenna (s. S. 54) führte.

Die beiden Türme waren einst durch Stege miteinander verbunden. Der **Torre Asinelli** entstand zwischen 1109 und 1119 und wird der Familie Asinelli zugeschrieben. Er ist 97,2 m hoch und man kann ihn trotz seiner Neigung von 2,23 m über 498 Stufen besteigen und die Aussicht genießen.

Der **Torre Garisenda** hat eine ähnliche Schrägneigung wie sein schiefer Vetter in Pisa, nämlich 3,25 m. Leider kann man ihn nur von außen betrachten. Er misst nur 47 m, denn aufgrund der Schräglage wurde er aus Sicherheitsgründen verkürzt. Die Studenten machen um den Torre Asinelli übrigens einen weiten Bogen, denn es kursiert der Aberglaube, dass sie durch ihr Examen rasseln, wenn sie ihn erklimmen.

› Torre Asinelli, Piazza di Porta Ravegnana, www.bolognawelcome.com, geöffnet: Nov.–Febr. tgl. 9.30–17.45, März/Okt. 9–18, April–Sept. 9.30–19.30 Uhr, Eintritt 5 €, ermäßigt 3 €, der Turm hat keinen Lift

㉑ Museo Ebraico di Bologna (Jüdisches Museum) ★ [F4]

Seit 1999 informiert das Museo Ebraico über die **Geschichte der jüdischen Gemeinde** in Bologna. Im 14. Jh. zogen viele Juden in die Stadt, denn die wachsende Metropole benötigte Facharbeiter, vor allem in der Seidenindustrie. Sie siedelten sich in dem Bereich nordöstlich der Piazza di Porta Ravegnana, entlang der heutigen Via de' Giudei (Judenstraße) an. Während der Gegenreformation, als der Kirchenstaat ab 1555 die Herrschaft über Bologna gewann, wurden die Juden dauerhaft in ein Ghetto verbannt, das sich etwa zwischen der Via Zamboni, der Via Masala und der Via Oberdan entlangzog. Es war von einer Mauer umgeben, die nur drei Eingänge hatte. Das einzige, heute noch verbliebene Eingangstor, das von einem Fratzenkopf geziert wird, befindet sich in der Via Zamboni 14 [F4] in einem Torbogen des ehemaligen Palazzo Manzoli-Malvasia.

Bereits ab 1556 wurden die Juden von den Päpsten verfolgt und 1569 dann der Stadt verwiesen. Nachdem

sie 1586 zunächst zurückkehren durften, wurden sie 1593 dauerhaft aus der Stadt verbannt.

In der Via dell'Inferno stand die **Synagoge**, an die noch eine Außentafel erinnert. Gegen Ende des 18. und zu Beginn des 19. Jh. bildete sich eine neue jüdische Gemeinde und in der heutigen Via de' Gombruti 9 entstand eine neue Synagoge. Zur Zeit des Faschismus von 1938 bis 1945 kamen viele Juden durch Verfolgung um und in der gesamten Emila-Romagna blieb nur noch eine kleine Gemeinde bestehen.

Das **Museum** beherbergt eine Bibliothek mit einer Hebraica- und Judaica-Sammlung. Viele jüdi-

La Turrita – Stadt der Türme

Einer der vielen Beinamen von Bologna ist „La Turrita" („Stadt der Türme"). Er bezieht sich auf die **Geschlechtertürme,** *die im Mittelalter zwischen dem Ende des 11. und der Mitte des 13. Jh. gebaut wurden. Damals sahen Besucher die Stadt vor lauter Türmen nicht, denn es gab an die 180 Stück davon. Meist viereckig und von unterschiedlicher Höhe, bestimmten sie das Panorama. Die Türme entstanden in der Zeit der Auseinandersetzungen der staufertreuen Ghibellinen und der papsttreuen Guelfen. Sie dienten der Sicherheit, waren aber zugleich auch ein Statussymbol: Jede adelige Familie, die etwas auf sich hielt und es sich leisten konnte, errichtete Türme in der Nähe ihrer Palazzi. Dabei baute man oft nicht nur einen, sondern gleich mehrere. Sie dienten als Wachturm, gleichzeitig konnte man durch ihre Höhe und die Besonderheit des Baus die Macht des Familiengeschlechts demonstrieren.*

Wie bei vielen Bauwerken in Bologna wurde Selenitstein aus dem Appenin für die massiven Sockel der Türme benutzt. Die Fundamente reichten mehr als fünf Meter tief in den Boden. Nach oben wurden die Bauten wesentlich schlanker, hier benutzte man die damals übliche Schalenbauweise, *d. h. es gab eine Innen- und Außenmauer, die mit Mörtel und Steinen gefüllt wurde. In etwa 5 bis 10 Metern Höhe gab es Öffnungen in den Mauern, an denen Holzstege und Balkone angebracht wurden, die den Turm mit den Nachbargebäuden verbanden – allerdings nur mit denen der eigenen Familie oder von Freunden. Im Parterre hatten die Türme keine Eingänge oder Türen. Im Laufe der Jahrhunderte wurden viele Türme instabil und stürzten ein oder wurden abgerissen, denn die Adelsgeschlechter starben aus und niemand wollte sich um die Bauten kümmern. Heute sind nur noch zwanzig der alten Bauwerke erhalten. Meist sind dies Gebäude, die in den Besitz der Stadt übergingen oder die einem anderen Nutzen zugeführt wurden wie die* **Due Torri** [20]. *Wenn man durch die Stadt wandert, steht man manchmal unvermutet vor einem solchen Turm, z. B. dem* **Torre Alberici** *in der Via Santo Stefano [E/F5], in dessen Sockel heute ein Ladengeschäft untergebracht ist. Der* **Torre Prendiparte** *(s. S. 124) misst 58,6 m und beherbergt heute eine Ferienwohnung und Pension. Wer sich einmal wie ein Turmherr fühlen möchte und wem Treppensteigen nichts ausmacht, sollte sich hier einquartieren.*

Universitätsviertel 37

sche Gräber findet man auf dem Certosa-Friedhof ③⓪.
› Via Valdonica 1/5, Tel. 0512911280, www.museoebraicobo.it/en, www.comunitaebraicabologna.it/en, geöffnet: So–Do 10–18, Fr 10–16, geschl.: Sa und jüdische Feiertage, Eintritt: Erw. 4 €, erm. 2 € (Studenten unter 20 und Senioren über 65 Jahren), Behinderte frei

㉒ Teatro Comunale ★ [F4]

Das **Opernhaus** Bolognas wurde 1763 eröffnet und im 19. Jh. umfassend restauriert. Der Eingang versteckt sich hinter Arkaden, die die Ostseite der Piazza Verdi bilden. In dem glockenförmigen Auditorium, entworfen von Antonio Bibiena, wurden damals zum Beispiel Opern von Rossini und Bellini gezeigt und 1867 wurde Giuseppe Verdis „Don Carlos" hier uraufgeführt.

Das Haus machte auch als Wagner-Spielstätte von sich reden. Viele italienische Uraufführungen von Wagner-Opern fanden hier statt, denen der Komponist auch selbst beiwohnte. Heute stehen Rossini, Donizetti und Verdi, aber auch moderner Tanz auf dem Spielplan und das Theater hat nichts von seiner Beliebtheit eingebüßt.
› Largo Respighi 1, Tel. 051051529019, www.tcbo.it, Ticketverkauf: Di–Fr 14–18, Sa 11–15 Uhr und bei Veranstaltungen

㉓ Palazzo Poggi ★★ [G4]

Im Jahr 1711 erwarb die Stadtverwaltung den Palazzo Poggi, der Mitte des 16. Jh. für **Cardinal Giovanni Poggi** gebaut worden war. Hierher zog das im Zuge der Aufklärung neu gegründete **Institut für Wissenschaft und Kunst**. 1741 entstand auch eine neue **Bibliothek**. Ihr Grundstock ging auf eine Spende von Luigi Ferdinando Marsili (1658–1730) zurück, der dem Institut für Wissenschaften seine Sammlung vermachte. Dann folgten weitere Spenden durch Papst Benedikt XIV.

KURZ & KNAPP

Laurea – Diplom auf Italienisch

In Italien feiern die Studenten ihren Diplomabschluss, der Laurea genannt wird, laut und unübersehbar, so auch auf der Piazza Verdi [F4] in Bologna. Die Absolventen müssen sich verkleiden und werden mit einem Lorbeerkranz gekrönt, den sie den ganzen Tag auf dem Kopf tragen. Umringt von Kommilitonen und Freunden müssen dann selbstgedichtete Verse aufgesagt werden. Die Zuschauer feuern den Laureaten an, es wird lauthals gesungen und Champagner getrunken.

016bo-nh

› *Bei der Diplomfeier (Laurea) müssen Studenten sich verkleiden – der Fantasie sind dabei keine Grenzen gesetzt*

Die Vettern Caracci und die Bologneser Schule

Die Vettern Ludovico (1555-1619), Agostino (1557-1602) und Annibale Caracci (1560-1609) gründeten 1582 die Kunstakademie Accademia degli Incamminati. Neben Kunsthistorie wurden hier auch praktische Techniken gelehrt, wie z. B. Aktmalerei mit lebenden Modellen, was in Institutionen des Kirchenstaats (s. S. 95) untersagt war.

Die Kunstbewegung wurde als Bologneser Schule bekannt. Ihr Stil, der auch andere Maler wie da Carpi, Reni, Lanfranco, Guercino und Crespi beeinflusste, gilt als Vorläufer des italienischen Barock. Die Caraccis hinterließen zahlreiche Fresken in Kirchen und privaten Palästen Bolognas, die heute entweder noch vor Ort oder in Museen zu bewundern sind.

Unter Napoleon fanden auch die **Archive der Klöster und Kirchen** hier ein neues Heim. Ihnen wurden die Bücher und Sammlungen des Naturkundlers Ulisse Aldrovandi, Gründer des Botanischen Gartens (s. S. 89), hinzugefügt. Teile davon kann man heute noch in der Ausstellung im Palazzo Poggi besichtigen. Hier sieht man auch Fresken von Pellegrino Tibaldi (1527–1596), die Homers „Odyssee" darstellen.

Heute ist die **Universitätsbibliothek** mit 1,25 Mio. Werken die größte Bibliothek Bolognas und mit der neusten Technik ausgestattet – für jeden Studenten ist der Besuch ein Muss.

Nach den von Napoleon durchgeführten Reformen wurde der Palazzo zum Hauptsitz der Fakultäten der Universität, die das Archiginnasio ⓭ endgültig verließen. Die Sammlungen der verschiedenen Fakultäten wurden schließlich in verschiedene **Museen** ausgelagert. Wer sich für wissenschaftliche Themen interessiert, findet Ausstellungen zur Anatomie, Anthropologie, Geologie, Mineralogie, Chemie, Physiologe und Zoologie, die auf dem Campus in der Nähe des Palazzo Poggi verstreut sind. Im historischen Palast selbst, befinden sich zudem noch das **Museo della Specola** für alte astronomische Geräte und das **MEUS**, ein Museum über die studentische Geschichte in Europa.

› Via Zamboni 33, Tel. 0512099610, sma.museizamboni33@unibo.it, www.museopalazzopoggi.unibo.it, geöffnet: Di–Fr 10–16, Sa, So, Fei 10.30–17.30 Uhr, Eintritt pro Museum: 5 €, erm. 3 € (bis 26 und ab 65 Jahren). Museo della Specola: geführte Touren auf Englisch, Zeiten siehe www.sma.unibo.it/it/agenda/visite-guidate-al-museo-della-specola. MEUS, Eintritt frei.

㉔ Pinacoteca Nazionale ★★★ [G3]

In der Pinacoteca Nazionale sind viele bedeutende Kunstwerke zu sehen, die sich heute im Eigentum der Stadt befinden. Viele davon stammen aus den Kirchen Bolognas, die heute nur noch wenige der einst überreichen Schätze beherbergen, die zur Zeit des Kirchenstaates angehäuft wurden.

Während der **napoleonischen Herrschaft** von 1796 bis 1815 wurden die Klöster geschlossen und Kirchenschätze eingezogen bzw. nach Paris gebracht. Schon ab 1796 begann

Bolognas Süden

man jedoch, Werke in private Obhut zu retten. Die heutige Sammlung der Pinakothek setzt sich aus diesem Grundbestand, den später zurückgegebenen entwendeten Werken und späteren Akquisitionen zusammen und umfasst eine Zeitspanne **von Gotik bis Barock**.

In 30 Ausstellungsräumen findet man **religiöse Kunst**, darunter Werke der Frührenaissance von Lorenzo Costa und Francesco Francia, **Werke der Bologneser Schule**, z. B. von den Caracci-Vettern, Guido Reni und Guiseppe Maria Crespi, aber auch Gemälde von Künstlern wie **Giotto**, **Raffael**, **Tintoretto** und **El Greco**. Zusammen mit der Akademie der Schönen Künste (Accademia di Belle Arti) ist die Pinakothek seit 1808 in dem umgebauten, ehemaligen Jesuitenkloster **Sant'Ignazio** aus dem 15. Jh. untergebracht.

› Via Belle Arti 56, Tel. 0514209411, www.pinacotecabologna.beniculturali.it, geöffnet: Di–So 8.30–19.30 Uhr, Eintritt: 6 €, erm. 3 € (18–25 Jahre), Kinder frei

Wandert man vom Altstadtkern südwärts, werden die Straßen etwas ruhiger und die Arkaden sind weniger belebt. Südlich der Ringstraße beginnen die Apennin-Hügel, hier befinden sich der beliebteste Park, die Giardini Margherita ㉗, und die Aussichtspunkte bei den Kirchen San Luca ㉙ und San Michele in Bosco ㉘.

㉕ Basilica di San Domenico ★★ [E6]

Die von großen Bäumen umgebene gotische Basilika des Dominikanerordens ist eine Oase der Ruhe inmitten der Stadthektik. Hier kann man im Sommer Schatten finden. Die Kirche entstand im Angedenken an den Gründer des **Dominikanerordens**,

☐ *An der Basilica di San Domenico kann man gut eine Pause im Schatten einlegen*

Domenico di Guzmán aus Kastilien in Spanien, der um 1200 nach Bologna kam und hier verstarb. Sein aufwendiger Sarkophag, der **Arco di San Domenico**, wie der Schrein auch genannt wird, wurde 1264 von Niccolò Pisano begonnen. Die Fertigstellung dauerte allerdings mehrere Jahrhunderte. Unter den Künstlern, die verantwortlich zeichnen, stechen zwei Namen heraus: zum einen Niccolò da Ragusa (1435–1494), der fortan als **Niccolò dell'Arca** bekannt war, zum anderen der junge **Michelangelo** (1475–1564), der die Heiligenstatue von San Petronio am oberen Teil des Schreins fertigte. Ebenfalls von Michelangelo stammt einer der Kerzen haltenden Engel auf der rechten Seite des Altars. Der Kopf des heiligen Domenico wird separat in einem goldenen Reliquienschrein von Jacopo Roseto da Bologna (1383) verwahrt.

Der Innenraum wurde von 1727 bis 1732 von Francesco Dotti restauriert. Damals erwarb man auch Gemälde von Künstlern der Bologneser Schule (s. S. 38) wie Guercino und Lodovico Carracci.

Auf dem Vorplatz der Kirche stehen die aufgebahrten Gelehrtengräber der Universitätsprofessoren Rolandino de' Passeggeri und Egidio Foscherari aus dem 13. bzw. 14. Jh.

› Piazza San Domenico 13, Tel. 0516400411, www.conventosandomenico.org, Bus Nr. 20 von Via Rizzoli Richtung Casalecchio Marconi, geöffnet: Mo–Fr 9–12, 15.30–18, Sa 9–12, 15.30–17, So 15.30–17 Uhr

26 Museo Civico del Risorgimento und Museo di Casa Carducci ★ [H6]

Wie viele Städte in Norditalien hat auch Bologna sein eigenes Museum über das **Risorgimento**. Es befindet sich im ehemaligen Wohnhaus des Poeten **Giosuè Carducci**, über dessen Leben im ersten Stock eine Ausstellung zu finden ist. Das Museum gibt einen Überblick über die Ereignisse in und um Bologna zur Zeit des Risorgimento, das mit der Vereinigung Italiens 1861 endete. Zudem gibt es in der Ausstellung noch einen Teil, der sich mit der Zeit des Ersten Weltkriegs beschäftigt.

Das Museum ist Teil der historischen Organisation Storia e Memoria di Bologna, die u. a. auch Führungen über den Certosa-Friedhof 30 veranstaltet.

› Piazza Carducci 5, Tel. 051347592, www.comune.bologna.it/museorisorgimento, Bus Nr. 25 von Salaborsa in Richtung Deposito Due Madonne 2, dann 5 Minuten Fußweg, geöffnet: Di–So 9–13 Uhr, Eintritt: Erw. 5 €, erm. 3 € (18–25, über 65 Jahre), jeden ersten Sonntag im Monat Eintritt frei

---

EXTRATIPP

Aperitif im Grünen

Das Kulturzentrum **Serre dei Giardini Margherita** veranstaltet im Sommer das Freizeitprogramm **Kilowatt Summer,** u. a. mit der Konzertreihe Gardenbeat und Kinderprogramm. In der zugehörigen Café-Bar sitzt man direkt zwischen den Pflanzen in den Beeten der ehemaligen kommunalen Gewächshäuser. Hier wird auch gleich das Gemüse für die Küche des Cafés angebaut. Außerhalb der Veranstaltungen findet man hier tagsüber eine Oase der Ruhe im Grünen.

● 6 [F8] **Serre dei Giardini Margherita,** Via Castiglione 134, http://leserre.kilowatt.bo.it/en, geöffnet: Juni–Sept. 10–24 Uhr

Bologna und das Risorgimento

Napoleon weckte nach seinem Einmarsch in Italien auch dort den Geist der Französischen Revolution. Nach seinem Fall wurden die Freiheitsbestrebungen der Italiener von den Siegermächten im Wiener Kongress von 1814/1815 aber wieder in die Schranken gewiesen. Daraufhin erstarkte eine Widerstandsbewegung gegen die Fremdbestimmung, die schließlich zum **Risorgimento,** dem Kampf für die Einigung der italienischen Provinzen in einem Nationalstaat, führte. Giuseppe Verdis „Chor der Gefangenen" („Va, pensiero") aus der Oper „Nabucco" wurde zur Hymne der Bewegung.

Über die Jahrhunderte hinweg war Italien politisch, gesellschaftlich und geografisch stark zersplittert. Der Norden und der Süden waren voneinander abgespalten und wurden von verschiedenen Stadtstaaten und von internationalen Dynastien regiert. Weite Teile des Landes unterstanden dem Kirchenstaat, darunter auch die Emilia-Romagna. Napoleon gab Bologna, Ferrara und anderen Städten der Region eine neue Unabhängigkeit. Sie bildeten die **Cispadanische Republik,** die 1805 an das napoleonische Königreich Italien angegliedert wurde. Nach Napoleons Fall unterstand Bologna aber wieder der Befehlsgewalt der österreichischen Armee. Dies führte zu mehreren Aufständen und kulminierte in der **Schlacht vom 8. August 1848,** in der die Bologneser die Österreicher aus der Stadt verjagten.

Die Region Sardinien-Piemont mit der Hauptstadt Turin wurde ab 1849 unter der Führung von Vittorio Emanuele II. (1820-1878) zum Zentrum des Risorgimento. Stück für Stück eroberte Sardinien-Piemont die italienischen Regionen bzw. erstritt diese in Verhandlungen mit den Franzosen und den Österreichern. Zunächst gewann man die Lombardei, dann wurden in den zentralen Regionen Volksabstimmungen durchgeführt, wobei die Bologneser für eine Anbindung an das Königreich Sardinien-Piemont stimmten.

Zu den politischen Aktivisten, Kämpfern und heutigen Nationalhelden, welche die nach der Turiner Zeitung „Il Risorgimento" benannte Bewegung vorantrieben, gehörten u. a. **Giuseppe Mazzini** (1805-1872), **Giuseppe Garibaldi** (1807-1882) und **Ugo Bassi** (1801-1849). Mazzini gründete die geheime Organisation La giovane Italia („Junges Italien"), der sich auch Garibaldi anschloss. Beide koordinierten ab 1833 verschiedene Aufstände. Ein Denkmal, das an Giuseppe Garibaldi erinnert, befindet sich auf der Via dell'Indipendenza, gegenüber der Arena del Sole (s. S. 83). Ugo Bassi war ein Bologneser Priester, der sich Garibaldis Freischärlerarmee anschloss. Er starb als Märtyrer nach einer missglückten Kampagne zur Verteidigung der 1849 ausgerufenen Republik von Rom. Garibaldis schwangere Frau Anita, die heute in ihrer Heimat Brasilien Heldenstatus hat, war bereits 1849 auf dem Marsch durch die sumpfige Po-Ebene nach Venedig an Erschöpfung gestorben.

Bassi geriet in österreichische Gefangenschaft und wurde ohne Prozess hingerichtet. Sein Denkmal steht heute auf der Via Ugo Bassi [D4] in Bologna. Im Museo Civico del Risorgimento ❷❻ kann man mehr über diese Zeit erfahren.

㉗ Giardini Margherita ★ [G8]

Die **größte städtische Parkanlage** sind die Giardini Margherita am südöstlichen Stadtrand. Die Gärten wurden bereits 1879 zu Ehren von Königin Margherita, der Frau von König Umberto I., angelegt. Bei den Bauarbeiten fand man hier einige **etruskische Grabstätten**. Einige verbleibende steinerne Sarkophage sind noch zu sehen, ebenso die Rekonstruktion von etruskischen Hütten.

Der See im Park – in Bologna eine Seltenheit – entstand zum Teil durch Umleitung des Wassers aus dem **Savena-Kanal**, der die Stadt einst durchschnitt. Zudem gibt es in der Anlage einen Tennisplatz. Der Park hat mehrere Eingänge, z. B. bei der Viale Gozzadini, der Piazza di Porta Santo Stefano und der Piazza di Porta Castiglione.

› Viale Massimo Meliconi 1, www.comune.bologna.it/ambiente/luoghi/6:11809/3548, Bus Nr. 13 von Via Rizzoli in Richtung Rastignano bis Porta Santo Stefano, rund um die Uhr geöffnet

㉘ San Michele in Bosco ★★ [D8]

Der 132 m hohe Hügel, auf dem die **Klosterkirche San Michele in Bosco** heute steht, war im 14. Jh. von Benediktinermönchen vom Monte Oliveto (Ölberg) besiedelt. 1523 entstand eine neue Kirche mit einer Fassade des Ferrareser Architekten Biagio Rossetti (s. S. 47).

Nachdem das Kloster durch Napoleon enteignet wurde, erwarb 1879 der Arzt **Francesco Rizzoli** (1809–1880) das Gebäude. Der Patriot, der während des Risorgimento (s. S. 41) mit Giuseppe Garibaldi für die Nation gekämpft hatte, saß später im Parlament des Königreichs Sardinien-Piemont. Nach seiner langen Karriere vermachte er den Klosterkomplex der Stadt, die dort auf seine Bitten hin 1896 eine Klinik für Orthopädie eröffnete. Die Mönche kehrten 1933 zurück und bewohnen noch heute einen Teil der alten Klostergebäude.

Das Innere der **Klosterkirche** ist mit reichhaltigen Fresken aus dem 16. Jh. verziert, darunter auch Gemälde der Vettern Caracci. Zu besichtigen ist auch die achteckige **Krypta** des alten Klosters. Vom Presbyterium führt eine Tür zum **Cannocchiale di Bologna**, einem verglasten **Kreuzgang** des alten Klostergebäudes. Von hier hat man einen weiten Blick auf das Panorama von Bologna, im Besonderen den Torre Asinelli ⓴, der in greifbare Nähe zu rücken scheint. Auch von der Balustrade außerhalb der Kirche hat man einen schönen Ausblick.

Zum **Park** der Klinik, der von großen Bäumen beschattet ist, besteht ebenfalls Zugang.

› Via Pupilli 1, Tel. 0516366705, www.genusbononiae.it, Bus Nr. 30 von Via Rizzoli in Richtung San Michele in Bosco, geöffnet: Kirche tgl. 9–12, 16–19, Park 5.30–23 Uhr, Eintritt frei

㉙ Santuario di Madonna di San Luca ★★★

Das Santuario di Madonna di San Luca (meist Basilica di San Luca genannt) auf dem Guardiahügel ist eine Pilgerstätte, denn sie beherbergt eine Ikone der Madonna mit Kind, die der Apostel Lukas angefertigt haben soll. Nachdem sie von einem Pilger aus der Hagia Sophia in Konstantinopel (dem heutigen Istanbul) entwendet und nach Bologna gebracht worden war, wurde dort bereits im 12. Jh. eine Kirche gebaut, um sie zu beherbergen.

Bolognas Süden

Zur Basilika führt der längste und steilste **Arkadengang** der Stadt hinauf: Er ist vier Kilometer lang und hat 666 Bögen. Neben gläubigen Pilgern und Touristen wird der Gang auch von eifrigen Joggern genutzt, die auf den Treppen ganz pietätlos Gymnastikübungen vollführen.

Jedes Jahr wird die Ikone Ende April/Anfang Mai in einer **feierlichen Prozession zur Cattedrale Metropolitana di San Pietro** ❻ heruntergetragen. Dort wird sie dann eine Woche zur Verehrung ausgestellt, bevor man den Schrein in einer weiteren Prozession wieder zurückbringt. Die Tradition geht auf einen Vorfall im Jahr 1433 zurück. Damals soll eine Prozession mit der Madonna ein Erdbeben, Regenfälle und eine Hungersnot beendet haben.

Die heutige **Barockkirche** wurde von Carlo Francesco Dotti zwischen 1723 und 1757 gebaut. Von außen sieht sie bis auf die Domkuppel recht nüchtern aus. Die Innenräume sind allerdings üppig im Barockstil ausgestattet. Rund um den Altar findet man **Gemälde** von Guido Reni, Donato Creti, Guiseppe Mazza und Guercino.

Der **Ausblick** ist bereits vom Fuß der Kirche aus atemberaubend. Wer noch höher hinauf will, kann weitere 100 Stufen zur **Aussichtsterrasse** erklimmen.

› Via di S. Luca 36, Tel. 0516142339, www.santuariobeataverginesanluca.org/en, Bus Nr. 20 von Via Rizzoli in Richtung Casalecchio Marconi bis Villa Spada oder mit dem San Luca Express (s. S. 121). geöffnet: Nov.–Feb. Mo–Sa 7–12.30, 14.30–18, So 7–17, März–Okt. Mo–Sa 7–19, So 9–19 Uhr, Aussichtsterrasse: April–Okt. Fr, Sa 7–12.30, 14.30–19 Uhr, Eintritt: Erw. 5 €, erm. 3 € (Kinder und Jugendliche von 10–18 Jahren)

Von der Basilica di San Luca hat man einen guten Ausblick auf Bologna und das Umland

30 Cimitero di Certosa ★★

Der **Monumentalfriedhof** im Südwesten der Stadt ist wie ein großer **Park** angelegt, der gleichzeitig als **Freiluftmuseum** fungiert. Er wurde 1801 über den Mauern des ehemaligen Karthäuserklosters aus dem Jahr 1334 errichtet, das 1796 von Napoleon aufgelöst worden war. 1869 stieß man bei Bauarbeiten im Arkadengang Chiostro delle Madonne auf eine bronzene etruskische Urne und der Architekt und Archäologe Antonio Zannoni fand bei Bauarbeiten für den Kreuzgang Galleria degli Angeli (Chiostro VII.) auf dem Friedshofsgelände etruskische Artefakte. Daraufhin begannen **archäologische Ausgrabungen**. Man fand 417 Gräber aus etruskischer Zeit, die bis auf das 6. Jh. v. Chr. zurückdatiert werden konnten. Die Funde sind im Museo Civico Archeologico 12 zu sehen.

Auf dem atmosphärischen Gelände kann man gut und gerne mehrere Stunden spazieren gehen. Der historische Teil des Friedhofs auf der Ostseite (links vom Haupteingang) weist fast durchgängig **Arkadengänge** auf, sodass man hier auch bei Regen flanieren kann. Die reichen Bürger Bolognas scheuten damals für ihre Grabstätten keine Kosten: Die Stuckverzierungen und die aufwendigen Skulpturen auf den Grabmälern wurden von den bekanntesten Bildhauern des 19. und 20. Jh. gefertigt. Im 19. Jahrhundert war der Certosa-Friedhof eine der Stationen auf der „Grand Tour" von damaligen wohlhabenden, kulturbeflissenen Europareisenden und sogar Lord Byron verewigte ihn in seinen Schriften.

Man spaziert heute an den Gräbern bedeutender Bologneser vorbei und gewinnt gleichzeitig einen Eindruck von den **Epochen der italienischen Kunstgeschichte**. Einige der evokativen Figuren wirken fast lebensecht und jagen Betrachtern Gruselschauer über den Rücken. Zu den beeindruckendsten Grabmälern gehören die klassizistischen und veristischen (dem italienischen Realismus/Naturalismus zugehörigen) Monumente im Kreuzgang **Chiostro VII.**, z. B. das Tomba Montanari von Diego Sarti (1859–1914). Das Herz der Anlage bildet der dritte Kreuzgang, **Chiostro III.**, dessen Arkaden bereits zu Klosterzeiten 1588 entstanden. Die **Chiesa di San Girolamo**, die sich gleich dahinter erhebt, geht noch auf die Karthäuser zurück und ist mit prächtigen Fresken aus dem 17. Jh., u. a. von den Vettern Caracci (s. S. 38), verziert.

Neben der Friedhofskunst ist das eindrucksvolle Beinhaus **Ossuario dei Caduti Partigiani** von Piero Bottoni (1903–1973) sehenswert. Das Monument aus dem Jahr 1959 spiegelt den Stil des italienischen Razionalismo wider und erinnert an die Gefallenen des Ersten Weltkriegs. Wer möchte, kann auch die letzten Ruhestätten bekannter Persönlichkeiten wie Lucio Dalla (s. S. 107) und Gioacchino Rossini (s. S. 106) aufsuchen.

› **Cimitero Monumentale della Certosa di Bologna**, Via della Certosa 18, Quartiere Saragozza, Tel. 0512193111, www.storiaememoriadibologna.it/certosa, www.museibologna.it/risorgimento/documenti/47670, Bus Nr. 19 von Via Rizzoli in Richtung Casteldebole bis Chiesa Certosa, geöffnet: März–Okt. 7–18, Nov.–Feb. 8–17 Uhr, Eintritt: frei, Informationsbüro Di 10–13, Do 14–17, So/Fei 9–12, 14–17 Uhr, Anreise: Bus Nr. 36 und 19. Das Museo Civico del Risorgimento 26 organisiert von Juni bis September geführte Touren und Nachtwanderungen über den Friedhof (in englischer Sprache).

AUSFLÜGE NACH FERRARA UND RAVENNA

Ferrara

Ferrara eignet sich von Bologna aus bestens für einen Tagesausflug, denn es liegt nur 50 km entfernt im Nordosten und kann mit dem Zug oder dem Auto in einer halben Stunde erreicht werden. Die Stadt ist besonders für ihre Renaissancepaläste bekannt, die auf das Herrschergeschlecht der Este zurückgehen, das die Stadt vom 13. bis zum 16. Jh. regierte. Die Innenstadt ist weitgehend verkehrsberuhigt. Ein neun Kilometer langer Mauerring aus dem 15. und 16. Jh. umschließt die von der UNESCO geschützte Altstadt und lädt zu einer Rundwanderung ein. Ferrara ist außerdem das Tor zum Regionalpark Delta del Po, den man auch per Fahrrad erkunden kann.

Ferraras Ursprünge gehen auf das 7. Jh. zurück, als ein **byzantinisches Castrum** am Fluss Po entstand. Aufgrund einer verheerenden Überschwemmung im Jahr 1152 änderte sich der Verlauf des Po und der Hauptstrom wanderte weiter nach Norden. Im Süden der Stadt blieb nur der Nebenarm **Po di Volano** erhalten. Im frühen Mittelalter war Ferrara von den Kämpfen zwischen Guelfen und Ghibellinen gezeichnet. Relative Stabilität kehrte erst ein, als die **Familie Este** sich ab 1264 als herrschende Markgrafen etablierte. Sie verlieh der Stadt nicht nur ihr bauliches Gesicht, sie förderte auch Kultur und Wissenschaften. Im 14. Jahrhundert ließ Niccolò II. d'Este das mächtige **Kastell** in der Stadtmitte erbauen. Ercole d'Este war Urheber der Stadterweiterung im 15. Jahrhundert. Seitdem teilt die Hauptstraße Viale Cavour (bzw. Corso della Giovecca) die Stadt in zwei Hälften.

Die wichtigsten Sehenswürdigkeiten der **Neustadt** findet man vom Castello Estense entlang des Corso Ercole I d'Este in Richtung Norden. Vom Castello in Richtung Südosten gelangt man in das mittelalterliche Gassengewirr der **Altstadt**. Dort kann man viele historische Paläste entdecken, in denen interessante Museen untergebracht sind.

Nachdem sich der Kirchenstaat (s. S. 95) im 16. Jh. Ferrara einverleibt hatte, verlor die Stadt nach und nach an Bedeutung. Heute erleben Besucher eine sehr lebendige **Universitätsstadt** mit vielen historischen Gebäuden und einem satten Angebot an Kultur und Veranstaltungen wie dem vierwöchigen Renaissance-Festival **Palio di Ferrara** (s. S. 52) oder dem **Ferrara Buskers Festival** (s. S. 91).

› **Anreise:** Von Bologna Centrale mit FER-Linie Bologna – Venezia (ca. 50 Minuten, 4,75 €), Schnellzug Italo (Regionale Veloce, ca. 30 Min., 9,90 €) oder mit dem Intercity Bologna – Padova (25 Min., 9 €), Tickets am Schalter und Automaten vor Ort. Wenn man mit dem Auto unterwegs ist, nimmt man die A13 in Richtung Padova/Venezia (ca. 50 km).

› **I.A.T. Ferrara (Touristeninformation),** Castello Estense ③, Tel. 0532209370, www.ferrataterraeacqua.it/de

› **MyFE Card,** www.myfecard.it. Mit der MyFE Card erhält man freien oder ermäßigten Eintritt zu vielen Sehenswürdigkeiten und Museen in Ferrara sowie Ermäßigungen für das Flughafenshuttle vom Flughafen Bologna nach Ferrara und in ausgesuchten Hotels und Gaststätten. Preis: 2 Tage 12 €, 3 Tage 14 €, 6 Tage 18 €.

‹ *Vorseite: Die Via Mazzini ist das Herz der Altstadt von Ferrara*

Die Este-Familie in Ferrara

Das alte italienische Adelsgeschlecht der Este kam ursprünglich aus Mailand und regierte Ferrara von 1264 bis 1597. Unter der Herrschaft der Este wurde Ferrara zu einer der bedeutendsten Renaissancestädte Italiens und konnte sich mit Florenz oder Mailand messen. Im 15. und 16. Jahrhundert verkehrten Dichter wie Ludovico Ariosto (1474-1533) und Torquato Tasso (1595-1544) am Hof der Este. Cosmè Tura (1430-1495) gründete die Ferrareser Schule der Malerei, die eng mit der Bologneser Schule (s. S. 38) zusammenarbeitete.

Niccolò III. (reg. 1393-1441) ließ die Stadt von der Kathedrale aus in Richtung Osten erweitern. Einige seiner illegitimen Söhne wurden ebenfalls zu prominenten Herrschern der Stadt. Bereits Leonello (Regierungszeit 1441-1450) und Borso (1450-1471) legten den Grundstein, um Ferrara in ein Zentrum der humanistischen Kultur und der Kunst zu verwandeln. Als guter Diplomat hatte Borso mit Papst und Kaiser gute Beziehungen und erhielt von Kaiser Friedrich II. den Herzogstitel für Modena und Reggio. Damit erweiterte er den Besitz der Este erheblich.

Zum herausragendsten Renaissancefürsten Ferraras wurde Ercole I. (Regierungszeit 1471-1505). Er verpflichtete den Architekten Biagio Rossetti zum Bau der zweiten Stadterweiterung, der sogenannten Addizione Erculea, im heutigen Norden von Ferrara, die das Stadtgebiet fast verdoppelte. Dieser ab 1492 unter der Federführung Rossettis entstandene Teil der Neustadt ist das erste Beispiel moderner Stadtplanung in Europa nach Renaissancegesetzen und daher von der UNESCO geschützt.

Die Este-Familie war mit vielen Adelshäusern in Europa verwandt. Die Linie der Welf-Esten reicht bis ins heutige Haus Hannover (britisches Königshaus). Ercole I. war mit der Tochter von Ferdinand I. von Neapel verheiratet. Sein Sohn, Alfonso I., heiratete in zweiter Ehe die berühmte Lukrezia Borgia, Schwester von Cesare Borgia. Der letzte Erbe der Fulc-Este aus Ferrara, Alfonso II. (Regierungszeit 1559-1597), war mit einer Medici verheiratet. Er blieb aber kinderlos, sodass Ferrara nach seinem Tod unter die Herrschaft des Kirchenstaates fiel.

▷ Im Palazzo Municipale (s. S. 48), einstige Residenz der Este, ist heute das Rathaus untergebracht

Ferrara

③1 Castello Estense ★★ [Karte II]

Mit dem Bau des mächtigen Castello Estense demonstrierte **Niccolò II. d'Este** (Regierungszeit 1361–1441) im Jahr 1385 seine Macht gegenüber rebellischen Untertanen. Damals lag die von einem Wassergraben umgebene Burg, die heute das Zentrum Ferraras an der Piazza della Repubblica dominiert, noch an der nördlichen Stadtgrenze.

Erst Ercole I. zog vom Palazzo Municipale dauerhaft in die Burg um, nachdem sein Neffe 1476 einen Staatsstreich gegen ihn plante. Ercole II., der von 1534 bis 1559 regierte, ließ die Burg von **Girolamo da Carpi** nach Renaissance-Idealen in ein etwas romantischeres Bauwerk umgestalten. Carpi ließ auf die Turmzinnen ein weiteres Stockwerk aufsetzen und legte rundum weiße Marmorbalkone an.

Die Innenräume und Passagen waren zur Zeit der Este mit Fresken, Gemälden und anderen Kunstschätzen prall gefüllt. Nachdem der Kirchenstaat die Herrschaft über die Stadt übernommen hatte, wurden viele Kunstgegenstände verschleppt. Heute betritt man weitgehend unmöblierte Räume, in denen aber noch **Decken- und Wandfresken** erhalten sind. Charmant ist die Loggia mit dem Orangengarten, der für die höfischen Damen angelegt wurde. Auch ein Aufstieg auf den alten Verteidigungsturm **Rocca del Leone** ist möglich.

Niccolò II. ließ nach dem Bau des Kastells einen überdachten Fluchtweg anlegen, der vom **Palazzo Municipale**, wo die Familie damals residierte, direkt in die Burg führte. Vor dem Palazzo Municipale, in dem heute das Rathaus untergebracht ist, steht auf einer Säule ein Reiterstandbild von Niccolò III. d'Este. Eine Statue seines Sohnes Borso steht auf einer zweiten Säule.

› Largo Castello, Tel. 0532299233, www.castelloestense.it/en, geöffnet: 3. Jan.–28. Febr. und Okt.–Dez. Di–So 9.30–17.30, März–Sept. tgl. 9.30–17.30, Osterferien–1. Mai tgl. bis 18.30 Uhr, Eintritt Erw. 8 €, erm. 6 €, Kinder unter 12 Jahren 1 €, Turmaufstieg 2 €

③2 Cattedrale ★★★ [Karte II]

Die neue Kathedrale entstand ab 1135 und wurde ebenfalls dem Stadtpatron St. Georg gewidmet. Die erste Kathedrale der Stadt, die Chiesa di San Giorgio, befindet sich heute außerhalb der Stadtmauern.

Girolamo Savonarola

Unterhalb des Durchgangs an der südöstlichen Seite des Castello Estense ③1 *gelangt man zur* **Piazza Savonarola** *mit einer Statue, die an den religiösen Fanatiker Girolamo Savonarola erinnert, der 1452 in Ferrara geboren wurde. Er predigte in Florenz gegen die Korruption der regierenden Medici und den Klerus. Da er sich gegen weltliche und kirchliche Unterdrücker richtete, waren er und seine Unterstützer, die Fratesci, beim einfachen Volk zunächst sehr populär. Am 7. Februar 1497 veranstaltete ein von den Fratesci angestachelter Mob das „Fegefeuer der Eitelkeiten", bei dem nicht nur Bücher, sondern auch Kosmetikartikel und Spiegel verbrannt wurden. 1497 wurde Savonarola vom Papst aufgrund seiner Umtriebe exkommuniziert und ein Jahr später wurde er als Ketzer verbrannt.*

Das Castello Estense ist eine imposante Erscheinung mitten in der Stadt

Die hübsche **Fassade** aus weißem und rosafarbenem Marmor vereint romanische und gotische Merkmale. Am Portal finden sich interessante Darstellungen u. a. vom Drachentöter St. Georg, aber auch von Alberto d'Este, der 1391 die Universität bauen ließ. Die **Porta dei Mesi** ist mit Figuren geschmückt, die die Monate des Jahres darstellen. Unter den Bogengängen an der Südseite der Kathedrale mit den fein gearbeiteten Säulen (**Loggia dei Merciai**) boten schon im Mittelalter Händler ihre Waren feil.

Die Kathedrale ist mit 118 Metern ungewöhnlich lang und zählt damit zu den größten Kirchen Italiens. Das Innere bildet einen stilistischen Gegensatz zur Fassade, denn es wurde im 18. Jahrhundert barockisiert. Hier

LITERATURTIPP

„Die Gärten der Finzi-Contini"
Giorgio Bassani (1916–2000) wurde zwar in Bologna geboren, er stammte jedoch von einer wohlhabenden jüdischen Familie aus Ferrara ab und war während der Zeit des italienischen Faschismus in der Widerstandsbewegung aktiv. In seinem 1962 erschienenen Roman „Die Gärten der Finzi-Contini", der von Vittorio De Sica 1970 verfilmt wurde, beschreibt Bassani eindrucksvoll das Schicksal einer reichen jüdischen Bürgerfamilie zur Zeit des Faschismus.

Unter den Este wurden jüdische Einwanderer ausdrücklich begrüßt und noch bis ins 16. Jh. lebten 2000 Juden in der Stadt. Rund um die Via Mazzini, heute eine beliebte Einkaufsstraße in der südöstlichen Altstadt Ferraras, wo auch die jüdische Synagoge steht, wurde zu Zeiten des Kirchenstaats das Ghetto eingerichtet. Unter den Faschisten wurden die Synagoge zerstört und die Juden deportiert.

sieht man viele Gemälde und Skulpturen aus der **Ferrareser Schule.**

Mit dem Bau des **Campanile** auf der Südseite begann man Mitte des 15. Jh., er blieb jedoch unvollendet. Das **Dommuseum** ist in der benachbarten Kirche San Romano untergebracht. Dort findet man u. a. Gemälde des Meisters Cosmè Tura.

› **Cattedrale,** Piazza della Cattedrale, Tel. 0532207449, www.artecultura.fe.it, Mo–Fr 7.30–12, 15.30–18.30, So, Fei 7.30–12.30, 15.30–19 Uhr
› **Museo della Cattedrale,** Via San Romano, Di–So 9.30–13, 15–18 Uhr, Eintritt 6 €, erm. 3 €, Tel. 0532761299, www.artecultura.fe.it

㉝ Palazzo Costabili und Archäologisches Nationalmuseum ★★★ [Karte II]

Über die Via Saraceno gelangt man in die kleinen mittelalterlichen Gässchen der Altstadt, die man in Ruhe erkunden sollte. Ganz in der Nähe der Stadtmauern steht in der Via XX Settembre der Palazzo Costabili, in dem heute das Archäologische Nationalmuseum untergebracht ist.

Den Palast gab Antonio Costabili Ende des 15. Jh. in Auftrag. Später **wohnte Ludovico Maria Sforza,** auch genannt Ludovico il Moro, der Herzog von Milan, darin, bis die Sforza sich mit den Este überwarfen. So blieb der Palast ein unvollendetes Meisterwerk von Biagio Rossetti. Die Anlage mit den Laubengängen ist dennoch eine elegante Erscheinung.

Die Schatzkammer enthält **Deckenfresken** aus dem Jahr 1506 von Benvenuto Tisi, besser bekannt als Il Garofalo. Im Obergeschoss sind die **Funde aus der etruskisch-griechischen Stadt Spina** aus dem 3. bis 6 Jh. ausgestellt. Bei Bauarbeiten stieß man in der Lagunenlandschaft der Valli di Comacchio Anfang des 20. Jh. auf Tausende von Gräbern mit griechischen Urnen und anderen griechischen Töpferwaren. Der Handel mit Griechenland war damals für die Einwohner der gesamten Emilia-Romagna von Bedeutung und die Funde zeugen vom großen Reichtum, den die Region bereits in der Frühzeit hatte.

› **Museo Archeologico Nazionale di Ferrara,** Palazzo Costabili, Via XX Settembre 122, Tel. 053266299, www.archeoferrara.beniculturali.it, geöffnet: Di–So 9.30–17 Uhr, Eintritt Erw. 6 €, erm. 3 € (18–25 Jahre), Eintritt frei: unter 18 Jahren und mit MyFe Card

㉞ Palazzo Schifanoia ★★★ [Karte II]

Über die Via Borgovado gelangt man in Richtung Norden zum Palazzo Schifanoia in der Via Scandiana. Die Familie Este verbrachte viel Zeit mit dem Bau von Lustschlössern (Delizie Estensi): Im gesamten Po-Delta sind Hunderte dieser Anwesen verstreut, die immer von weitläufigen Parkanlagen umgeben sind. Den Palazzo Schifanoia ließ Alberto V. d'Este im Jahr 1385 außerhalb der damaligen Stadtmauern gegen die „Langeweile" („noia") errichten.

Von Biagio Rossetti wurden unter Ercole I. nochmals Verschönerungsmaßnahmen am Bau unternommen. Davon sieht man heute leider nur noch wenig, denn die äußeren Bemalungen sind verblasst. Aufwendige Fresken aus der Ferrareser Schule schmückten einst den Monatssaal, **Sala dei Mesi.** Sie sind leider nur noch in stark beschädigter Form erhalten. Die von Cosmè Tura, Ercole de' Roberti und Francesco del Cossa entworfenen Malereien zeigten Szenen aus dem höfischen Leben unter Borso d'Este, der den Palast im 15. Jh. nochmalig ausbauen ließ. Später wurden die Fresken übermalt und erst 1821 wiederentdeckt und gerettet. Sehenswert sind auch die Stuckarbeiten im **Sala delle Virtù.**

Im Eintritt eingeschlossen ist das **Museo Lapidario** in der Chiesa di Santa Libera. Dort kann man Stelen und Sarkophage aus der römischen Zeit vom 1. bis 3. Jh. besichtigen.

› **Museo Palazzo Schifanoia,** Via Scandiana 23, Tel. 0532244949, geöffnet: Di–So 9.30–18 Uhr, Eintritt Erw. 3 €, erm. 2 €, bis 18 Jahre frei. Aufgrund von Erdbebenschäden sind momentan nur die Sala dei Mesi und die Sala delle Virtù zu besichtigen. Ab dem 8. Juni 2018 ist das Museum für umfassende Renovierungsarbeiten für mindestens zwei Jahre geschlossen.

M8 [Karte II] **Museo Lapidario,** Via Camposabbionario 1, Tel. 0532244949, www.artecultura.fe.it/242/lapidario-civico, geöffnet: Di–So 9.30–18 Uhr

㉟ Casa Romei ★ [Karte II]

Wandert man über die Via Savonarola wieder in Richtung Stadtzentrum, passiert man die Casa Romei. Der Geschäftsmann und Bankier Giovanni Romei war am Hof der Este in hoher Position als Verwalter beschäftigt und heiratete später Polissena d'Este. 1440 ließ er anlässlich seiner Vermählung die Casa Romei bauen, die vor allem wegen ihrer spätgotischen Details wie den **Rosettenverzierungen** und den **Laubengängen** besonders schön anzusehen ist. Im heute hier untergebrachten **Museum** sind Gemälde und Skulpturen ausgestellt, die aus anderen Gebäuden in Sicherheit gebracht wurden, so z. B. **Kirchenfresken** und **Schmuckfriese.**

› **Museo die Casa Romei,** Via Savonarola, 30, Tel. 0532234130, www.polomusealeemiliaromagna.beniculturali.it/musei/museodicasaromei, geöffnet: So–Mi 8.30–14, Do–Sa 14–19.30 Uhr, Eintritt Erw. 3 €, erm. (18–25 Jahre) 1,50 €, frei unter 18 Jahren und mit MyFE Card

㊱ Palazzo dei Diamanti mit Pinakothek ★★★ [Karte II]

Die Nationalgalerie ist in einem Palast untergebracht, dessen Fassade an Diamanten erinnert.

Vom Castello Estense führt der Boulevard Corso Ercole I. d'Este in den von Ercole I. gestalteten Teil der Neustadt, die **Addizione Erculea.** Links und rechts des Boulevards, der noch mit den Originalkieseln gepflastert ist, auf denen Kutschenreisende

021bo-fo©ermess, stock.adobe.com

› *Die Fassade des Palzzo dei Diamanti besteht aus 8500 pyramidenförmigen Quadern*

damals sicher gut durchgeschüttelt wurden, erheben sich eindrucksvolle Bauten, von denen die meisten jedoch nicht zugänglich sind.

An der Kreuzung zum Corso Porta Mare, Quadrivio degli Angeli genannt, steht **einer der beeindruckendsten Paläste Ferraras**. Das mit 8500 pyramidenförmigen Quadern aus rosa Marmor verkleidete Gebäude wird nicht von ungefähr als **Palast der Diamanten** bezeichnet, denn bei entsprechendem Sonneneinfall entstehen Lichtspiele auf den Spitzen der „Pyramiden", die das Haus zum Leuchten bringen. Ist man durch das Eingangsportal getreten, befindet man sich in einem perfekten kleinen **Lust- und Wandelgarten**. Im Untergeschoss des Palastes veranstaltet die **Galerie für moderne Kunst,** die eigentlich im zurzeit geschlossenen Palazzo Massari ihren Sitz hat, regelmäßig Wechselausstellungen. Im ersten Stock findet sich die **Dauerausstellung** mit Kunstwerken aus dem 13. bis 17 Jh., darunter die des Ferraresers Cosmè Tura.

› **Pinacoteca Nazionale Palazzo dei Diamanti,** Corso Ercole I d'Este 21, Tel. 0532244949, www.palazzodiamanti.it, geöffnet: tgl. 9–19 Uhr, Eintritt Erw. 11 €, erm. 9 €, Kinder unter 6 Jahren frei

●9 [Karte II] **Palazzo Massari,** Corso Porta Mare 9, Tel. 0532244949, http://artemoderna.comune.fe.it/1839/palazzo-massari. Wegen Erdbebenschäden ist der Palazzo Massari momentan noch geschlossen, aber man kann durch den Park wandern, wo ein Skulpturengarten angelegt ist.

EXTRATIPPS

Michelangelo Antonionis Grab

Der **Karthäuserfriedhof** Ferraras („Certosa" bedeutet Karthäuser) ist in atmosphärischen Parkanlagen untergebracht, wo man fernab vom Stadtlärm spazieren und monumentale Gräber aus vergangenen Jahrhunderten besichtigen kann. Auf dem Certosa-Friedhof ist neben anderen bekannten Stadtbürgern auch der Regisseur Michelangelo Antonioni beerdigt.

Antonioni wurde 1912 in Ferrara geboren und arbeitete bereits in den 1940er-Jahren in der Cinecittà in Rom als Filmschaffender. Seine ersten Werke wie „Gente del Po" („Die Menschen am Po", 1943–1947) werden dem Neorealismus zugerechnet. Herausragend sind jedoch seine späteren Filme wie „Blow Up" (1966) und „Zabriskie Point" (1970). Sie sind Stimmungsbilder der 1960er-Jahre, von den Swinging Sixties in London bis zur Studentenbewegung von 1968 und brechen mit den traditionellen Strukturen des filmischen Erzählens. 1995 arbeitete Antonioni bei „Jenseits der Wolken" mit dem deutschen Regisseur Wim Wenders zusammen. Antonioni verstarb 2007 in Rom, wurde jedoch in seiner Heimatstadt Ferrara beigesetzt.

●10 [Karte II] **Cimitero della Certosa (Ferrara),** Via Borso 1, Tel. 0532244949, geöffnet: Winter tgl. 7–17, Sommer tgl. 7–19 Uhr

Palio di Ferrara

Jedes Jahr Mitte Mai beginnt an der Piazza Ariostea das vierwöchige **Renaissance-Festival** Palio di Ferrara, bei dem die Stadt eine Zeitreise in ihre Glanzzeiten unternimmt. Bereits seit 1297 streiten hier verschiedene Mannschaften u. a. um die Flagge des heiligen Georg. Es gibt Wettrennen, Paraden und vieles mehr, wobei die Original-Kostümierung vor dem Hintergrund der Renaissance-Anlagen ein wahrer Augenschmaus ist.

Kulinarisches

Eine Spezialität aus Ferrara ist **Coppia ferrarese**, ein knuspriges Knabbergebäck mit kunstvoll verdrehten „Armen", das sich auch gut zum Tunken von Soßen eignet. Es wird fast in jeder Bäckerei verkauft.

- 11 [Karte II] **Bar Centro Storico**, Corso Martiri della Libertà 16, Tel. 0532473378, So-Mo 7-23 Uhr. Zentrale Café-Bar mit leckeren Kuchen und Aperitivo-Häppchen.
- 12 [Karte II] **Gelateria Millegusti Ferrara**, Corso Porta Reno 43, Tel. 0532761660, https://es-la.facebook.com/Gelateria Millegusti, geöffnet: Mi-Mo 13-20 Uhr. Auch in Ferrara gibt es vorzügliches Eis. Diese Gelateria ist gefüllt mit Leckereien von Gefrorenem bis zu Kuchen, Waffeln und Crepes.
- 13 [Karte II] **Makorè** €€, Via Palestro 10, Tel. 0532092068, www.makore.it, Di-Sa 12.15-14.15, 20-22.30 Uhr. Hier kann man fangfrischen Fisch einkaufen oder im benachbarten Restaurant essen. Dazu gibt es ausgezeichnete Weine.
- 14 [Karte II] **Ristorante Ariosteria** €€, Via Palestro 99B, Tel. 0532210583, http://ariosteria.com, geöffnet: So 12-14.30, Mo-Mi, Fr, Sa 12-14.30, 19.30-22.30 Uhr. Typische ferraresische Küche in traditioneller Atmosphäre bei der Piazza Ariostea in der Neustadt.

Shopping

- 15 [Karte II] **Ferrara Souvenir**, Piazza Trento-Trieste, Tel. 3483152120, So-Do, Sa 9-18.30 Uhr. Postkarten und Mitbringsel erhält man in diesem Shop.
- 16 [Karte II] **Negozi Libraccio**, Piazza Trento-Trieste, Palazzo di San Crispino, Tel. 0532241604, http://negozi.libraccio.it, Mo-Mi 9-20, Do-Sa 9-23.30, So, Fei 10-13, 15.30-20 Uhr. Sehr gut bestückter Buchladen.

Radfahren

In der verkehrsberuhigten Innenstadt Ferraras ist das Fahrrad das Fortbewegungsmittel der Wahl. Ferrara hat pro Kopf etwa dieselbe Fahrraddichte wie Amsterdam und beim Bummeln muss man daher auf Radverkehr gefasst sein. Wer sich gern selbst unter die Radfahrer mischen möchte, sollte gleich nach der Ankunft eine der vielen Radvermietungen aufsuchen. Wer weiter ins Umland ausschweifen möchte, findet u.a. auf der Website der Stadt viele Tipps für Ausflüge in die flache Po-Ebene.

> **Infos:** www.ferrarainbici.it, www.ferraraterraeacqua.it/it/cicloturismo/bike-maps/bike-maps

> *Der Corso Ercole hat noch sein Original-Kieselpflaster, für Radfahrer eine Herausforderung*

- **17** [Karte II] **La Ricicletta,** Via Darsena 132, Tel. 3290477971, www.ilgermoglio.fe.it/mobilita, Mo 8.30–12.30, 14.30–17.30, Di–Sa 8.30–12.30, 14.30–18.30 Uhr, 1 Std. 2 €, pro Tag 9 €. Hier werden überholte ältere Fahrräder verliehen.
- **18** [Karte II] **Link Tours Bike,** Via Garibaldi 103, Tel. 0532201365, www.linktoursbike.com/de/tour-2. Organisierte Radtouren.
- **19 Pirani e Bagni,** Piazzale della Stazione 2, Tel. 3392814002, Mo–Fr 4.45–20, Sa 6.30–14 Uhr, 1 Std. 2 €, 3 Std. 5 €, pro Tag 7 €
- **20** [Karte II] **Todisco Brothers,** Corso Porta Mare 107, (Stadtmauer Ost), Tel. 3461394287, www.noleggiobiciaferrara.it, tgl. 8–20 Uhr, 1 Std. 3 €, 2 Std. 5 €, pro Tag 7 €

Unterkünfte

- **21** [Karte II] **Albergo degli Artisti** €, Via della Vittoria 66, 44121 Ferrara, Tel. 0532761038, www.albergoartisti.it. **Einfache Unterkunft für Preisbewusste.** In den 1950er-Jahren war dies eine Herberge für Showkünstler. Parken: Parcheggio Centro Storico, Via Darsena 78.
- **22** [Karte II] **Antica Corte Hotel** €€, Via Mascheraio 29, 44121 Ferrara, Tel. 0532247785, www.anticacorte.fe.it. **Historisches Ambiente:** Das Gebäude aus dem 15. Jh. steht mitten in Ferrara. Angenehm ist der kleine Außenbereich mit Hofgarten. Italienisches Frühstück inkl., englisches Frühstück 9 € p.P., WLAN für drei Übernachtungen 6 €. Parkplatz vorhanden.
- **23** [Karte II] **Hotel Touring** €€, Viale di Cavour 11, 44100 Ferrara, Tel. 0532206200, www.hoteltouringfe.it. **Mit Wellnesscenter:** modernes Businesshotel mit Wellnesscenter, Fahrradvermietung und Shopping Planner.

Ravenna

Auch wer nicht wegen der Kunstschätze nach Ravenna kommt, kann in den hübschen Gassen und auf den eleganten Piazzas des wohlhabenden Städtchens einen angenehmen Tag mit Bummeln und Rasten verbringen. Die Altstadt ist verkehrsberuhigt und das Fahrrad ist das beliebteste Fortbewegungsmittel für alle Altersklassen. Mindestens eines der acht von der UNESCO geschützten Bauwerke sollte man jedoch besichtigen – alle sind sehenswert. Ausgehend vom schlichteren Äußeren der Tempelkirchen würde man nicht ahnen, welche Reichtümer sich hier verbergen. Die farbenfrohen Mosaiken, mit denen die Decken und Wände der Gotteshäuser geschmückt sind, eröffnen Einblicke in eine seltene Kunstform. Sie gehören zu den wenigen noch erhaltenen Mosaikfresken aus der byzantinischen Periode des Römischen Reiches und der frühchristlichen gotischen Zeit vom 4. bis 7. Jh. n. Chr.

Das Gebiet um Ravenna war in der Bronzezeit von **Etruskern** besiedelt, die Pfahlbauten in den Marschen der Po-Ebene errichteten. Ursprünglich lag der besiedelte Teil der Gegend direkt am Ufer der Adria in Classe, bis das Küstengebiet versandete. Der **römische Kaiser Augustus** ließ 31. v. Chr. den Hafen **Porto di Classe** anlegen, dessen Überreste heute ca. 8 km vom Seeufer entfernt liegen. Im 18. Jh. baute man den **Canale Candiano,** der Ravenna wieder mit der See verband. Bis heute befindet sich am **Porto Corsini** ein florierender Industrie- und Kreuzfahrthafen. In **Marina di Ravenna,** das nur zwanzig Autominuten vom Stadtzentrum entfernt ist, beginnt südwärts die lange Kette der touristischen Adriastrände.

Ravenna

Im 5. und 6. Jh. war Ravenna Hauptstadt des weströmischen Reiches, dann des ostgotischen Reiches und wurde dann zu einem Verwaltungsdistrikt (Exarchat) des **Byzantinischen Imperiums**. Aus diesen Jahren der Blüte stammen auch die zum UNESCO-Welterbe gehörenden Bauten. Nachdem die Byzantiner Ravenna 540 zurückerobert hatten, räumten sie erstmal mit dem gotischen Erbe auf. Bis 751, dem Einfall der Langobarden, regierten sie dann die Stadt. Als die Franken Ravenna 787 erreichten, ließ sich **Karl der Große** von der Kirche San Vitale zum Bau des Doms in Aachen inspirieren. Leider betrachtete er die Kunstschätze nicht nur ehrfurchtsvoll, sondern entwendete Mosaiken, Marmorteile und Säulen, die sich dann in Aachen wiederfanden.

Von 1441 bis 1509 regieren die **Venezianer** die Stadt. Das Herz der Altstadt bildet noch heute die von ihnen 1483 angelegte **Piazza del Popolo** mit vielen Cafés und Restaurants. An der Nordseite residierten die venezianischen Gouverneure damals im schön anzusehenden **Palazzetto Veneziano**. Davor befinden sich zwei Säulen mit Skulpturen der Stadtheiligen **Sant'Apollinare** und **San Vitale**. Rechtwinklig dazu steht der **Palazzo Merlato** (auch Palazzo del Comune genannt), den die Herrscherfamilie Da Polenta im 17. und 18. Jh. über dem ehemaligen Verlauf des Flusses Padena errichten ließ.

Aus der Zeit der Venezianer stammt auch die Festung **Rocca di Brancaleone**, die einst Teil der Stadtmauer war. Unweit der Festung beginnt hinter der Bahnlinie der Corsini-Kanal, der bis zur Adria schiffbar ist.

Den Rundgang durch die historischen Bauwerke Ravennas beginnt man am besten am ehemaligen **Klosterkomplex San Vitale** ㊲, der einige der wichtigsten Mosaiken beherbergt. Außerhalb der Stadt lohnt sich ein Besuch des **Mausoleo di Teodorico** ㊺ und der **Basilica di Sant'Apollinare in Classe** ㊼. Auch die archäologischen Ausgrabungen des alten Hafens in Classe kann man besichtigen.

◸ *Cafés auf der Piazza di Popolo*

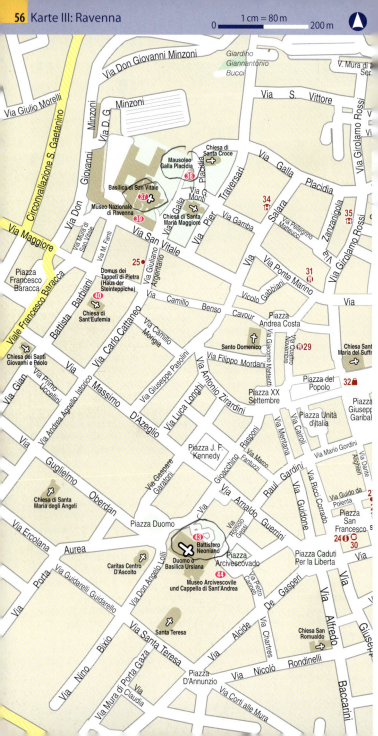

Kombitickets

Im Kombiticket **Ravenna Mosaici** ist der Eintritt zu einem Großteil der Basiliken (Basilica di San Vitale, Mausoleo di Galla Placidia, Basilica di Sant'Apollinare Nuovo, Battistero Neoniano) und in das erzbischöfliche Museum (Museo Arcivescovile mit Cappella di Sant'Andrea), eingeschlossen (www.ravennamosaici.it, Erw. 9,50 €, erm. 8,50 €, Kinder unter 10 Jahren frei). Das **Sammelticket Städtische Museen (Biglietto cumulativo)** beinhaltet den Eintritt zum Museo Nazionale, dem Mausoleo di Teodorico und der Basilica di Sant'Apollinare in Classe (Erw. 10 €, erm. 5 €, Kinder unter 18 Jahren frei). Erhältlich sind die Tickets in den Museen, der Touristeninformation und der Biglietteria Basilica di San Vitale.

Versunkene Mosaiken

In der Abteikirche San Francesco, die die Piazza San Francesco dominiert, gibt es eine Gruft, die durch das Absinken des Gebäudes permanent überflutet ist. Das ursprüngliche Fundament liegt etwa 3,60 m unter Wasser. Eine erste Kirche wurde hier schon im 5. Jh. gebaut und in der Gruft, die im 10. Jh. als Grabkammer für Bischof Neone ausgebaut wurde, kann man noch Originalmosaiken mit griechischen und römischen Inschriften entdecken. Auch Koi-Karpfen schwimmen dort herum. Wenn man einen Euro einwirft, geht das Deckenlicht an und man kann alles genau betrachten.

28 [Karte III] **Basilica di San Francesco (Ravenna)**, Piazza San Francesco 1, Tel. 054433256, www.turismo.ra.it/eng, geöffnet: tgl. 7–12 und 15–19 Uhr, Eintritt Kirche frei, Krypta 1 €

› **Anreise:** Ravenna liegt ca. 80 km östlich von Bologna an der Autobahn A14. Wer mit dem Auto anreist, sollte direkt einen der ausgewiesenen Parkplätze anfahren, denn innerhalb der verkehrsberuhigten Innenstadt verliert man sich im Einbahnstraßengewirr. Mit der Bahn fährt man auf der Strecke Bologna – Ravenna mit dem Regionalzug ca. 1 Stunde 20 Minuten (Preis: 7,35 €). Der Bahnhof liegt nicht weit vom Stadtzentrum entfernt.

24 [Karte III] **I.A.T. Ravenna (Touristeninformation)**, Piazza San Francesco 7, Tel. 054435755, www.turismo.ra.it/ger, Mo–Fr 8.30–18, So, Fei 10–16 Uhr

25 [Karte III] **Biglietteria Basilica di San Vitale**, Via Giuliano Argentario 22, Tel. 0544541688, www.ravennamosaici.it/?lang=en, tgl. 9–18.45 Uhr. Wenige Meter vom Eingang zur Basilica di San Vitale kann man Kombitickets für die Sehenswürdigkeiten der Stadt kaufen und Mosaik-Souvenirs erstehen.

❼ Basilica di San Vitale ★★★ [Karte III]

An der Stelle der im Kern achteckigen, dem heiligen Vitalis gewidmeten Kirche befand sich bereits im 5. Jh. eine Kapelle. Begonnen wurde mit dem Bau der heutigen Basilika sehr wahrscheinlich auf Geheiß von Kaiser Justinian I. unter Bischof Ecclesius, der das Amt von 521 bis 532 innehatte. Geweiht wurde die Kirche 548 von Erzbischof Maximian. Im Inneren ist der barocke neuere Teil der Kirche durch Säulen abgetrennt und es fehlt die Gradlinigkeit der frühchristlichen Bauten.

Bereits Anfang des 6. Jh. kam es im **gotischen Reich** zu Spannungen und man kämpfte gegen die Franken und die Langobarden. Unter **Justinian I.** (482–565) wurden Sizilien und Süditalien bis 552 zurücker-

Dante in Ravenna

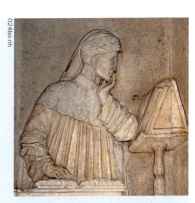

Dante Alighieri (1265-1321) ging als Autor der „Göttlichen Komödie" in die Geschichte ein. Das Werk wird weltweit als eines der wichtigsten Dichtungen des Mittelalters angesehen. Es stellte einen Schlüsselmoment in der italienischen Literatur dar, denn Dante verfasste es in italienischer statt, wie bis dahin üblich, in lateinischer Sprache. Der in Florenz geborene Dichter war Unterstützer der papsttreuen Guelfen, die sich in zwei feindliche Fraktionen aufspalteten. Als Dante in Rom weilte, wurde er unter diversen Anschuldigungen von den schwarzen Guelfen aus der Stadt verbannt. Sein Eigentum wurde konfisziert und man forderte ein Lösegeld, wenn er die Stadt je wieder betreten wollte, ansonsten drohte ihm der Tod. Dante ließ sich nicht auf den Handel ein, sondern wählte ein Leben im Exil und war fortan ständig auf Reisen. 1318 folgte er einer Einladung von Guido Novello da Polenta nach Ravenna. Dort verstarb er 1321 und wurde in der Franziskanerkirche beigesetzt. Nachdem die Florentiner schließlich einsahen, dass sie einen der bedeutendsten Literaten des Landes verbannt hatten, bemühten sie sich um die Rückführung seiner Gebeine nach Florenz. Die Franziskanermönche Ravennas gaben diese jedoch nicht heraus und hielten sie jahrhundertelang unter Verschluss. Die Grabstätte, die man für den Dichter in Florenz erbaut hat, ist bis heute leer. Stattdessen fanden Dantes Gebeine in einem zwischen 1780 und 1782 von Kardinal Luigi Valenti Gonzaga errichteten Schrein in Ravenna ihre letzte Ruhe. Wer die Geschichte Dantes genau studieren möchte, sollte noch das ihm gewidmete Museum besuchen.

*▥26 [Karte III] **Museo Dantesco**, Via Dante Alighieri 4/6, geöffnet: Mi-Fr 10-18 Uhr, Eintritt: Erw. 3 €, erm. 2 €, Kinder bis 14 Jahre frei*

*●27 [Karte III] **Tomba di Dante**, Via Dante Alighieri 9, geöffnet: April-Nov. Mo-Fr 10-18, Sa, So, Fei 10-19 Uhr*

obert und die **Byzantiner** etablierten sich in ihrem Exarchat Ravenna. Justinians Regierungszeit markiert den Übergang vom antiken Römischen Imperium zum mittelalterlichen Byzantinischen Reich. Er war einer der ersten Kaiser, die sich nicht nur als weltlicher Herrscher sahen, sondern als von Gott autorisiert. Als Erbauer der Hagia Sophia im damaligen Konstantinopel wollte er auch in Ravenna ein Zeichen setzen und verewigte sich und seine Frau Theodora in San Vitale in **spektakulären Mosaiken**. Auf der linken Seite der Apsis wird er mit seinem Hofstaat gezeigt und auf der rechten Seite seine Frau. Das Abbild des Kaisers, der eine mit bunten Edelsteinen verzierte Krone, Ohrringe und Schulterschmuck trägt, ge-

hört zu den interessantesten Mosaikbildern Ravennas. Die Gesichtszüge der dargestellten Figuren sind mit winzigen Steinen besonders fein gearbeitet. In der überreich dekorierten **Apsis** kann man viele beeindruckende Details wie Figuren und Muster entdecken und für die Besichtigung sollte man sich etwas Zeit lassen. Die noch erhaltenen **Bodenmosaiken** haben schlichtere, ornamentale und florale Muster. Man geht davon aus, dass sie noch zur gotischen Zeit entstanden.

Auf dem Geländekomplex um die Basilika finden sich noch zwei weitere Sehenswürdigkeiten, das Museo Nazionale ❸❾ und das Mausoleo di Galla Placidia ❸❽.

› Via Benedetto Fiandrini, Tel. 0544541688, www.ravennamosaici.it, geöffnet: März-Okt. tgl. 9–19, Nov.–Febr. tgl. 10–17 Uhr, Eintritt: nur Kombiticket (s. S. 58)

Der byzantinische Kaiser Justinian I. verewigte sich in San Vitale ❸❼ in spektakulären Mosaiken

❸❽ Mausoleo di Galla Placidia ★★★ [Karte III]

Das Mausoleum der **Galla Placidia** (386–452) führt Besucher wieder hundert Jahre in der Geschichte zurück. Galla Placidia war die **Halbschwester von Kaiser Honorius**, der Ravenna zur römischen Hauptstadt machte. Beim ersten Ansturm der Goten auf Italien wurde Galla vom Gotenkönig Alarich I. entführt. Von 414 bis 415 war sie Ehefrau seines Nachfolgers Athaulf. Nach dessen Tod wurde sie ihrem Bruder von den Goten als Friedensgabe wieder zurückgebracht.

Auf Veranlassung von Honorius ging sie 417 eine Zwangsehe mit Constantius III. ein. Nach dessen Tod und dem Tod ihres Bruders regierte sie von 425 bis 437 an Stelle ihres unmündigen Sohnes Valentinian III. das westliche Römische Imperium. In dem beeindruckenden **Mausoleum**, das sie für sich selbst errichten ließ, wurde Galla Placidia wahrscheinlich nie bestattet. Das Grab ist heute leer.

Man betritt einen spärlich beleuchteten Raum, in dem sich vor einem dunkelblauen Hintergrund strahlen-

de **Mosaiken** wie an einem Sternenhimmel abheben. Decke und Kuppel der kreuzförmig angelegten Kapelle sind vollständig von Mosaiken bedeckt, die noch im Originalzustand erhalten sind.
> Via Benedetto Fiandrini, Tel. 0544541688, geöffnet: März–Okt. tgl. 9–19, Nov.–Feb. tgl. 10–17 Uhr, Eintritt: nur Kombiticket (s. S. 58); von März bis Juni wird eine zusätzliche Gebühr von 2 € erhoben (zahlbar vor Ort)

❸❾ Museo Nazionale di Ravenna ★★ [Karte III]

Das **Nationalmuseum** befindet sich am Eingang zum ehemaligen Klosterkomplex San Vitale ❸❼. **Archäologische Fundstücke** aus der Römerzeit paaren sich hier mit **Skulpturen, Textilien** und **Waffen** aus den verschiedenen Jahrhunderten der Stadtgeschichte. Auch **Fresken** und **Steinmetzarbeiten** aus der ehemaligen Kirche Santa Chiara aus dem 14. Jh. sind zu sehen.
> Via San Vitale 17, Tel. 0544543724, geöffnet: Di–Do 8.30–14, Fr, Sa 8.30–19.30, So 14–19.30 Uhr, Eintritt: Erw. 6 €, erm. 3 € (oder Sammelticket, s. S. 58)

❹⓿ Domus dei Tappeti di Pietra (Haus der Steinteppiche) ★★ [Karte III]

Eine große Entdeckung machten Archäologen im Jahr 1999. Man stieß auf den fast vollständig erhaltenen **Mosaikboden** einer byzantinischen Villa aus dem 5. Jh. Der Eingang zum „Steinteppich", der etwa drei Meter unterhalb des Straßenniveaus liegt, befindet sich in der Kirche Sant'Eufemia. Die Mosaiken verdeutlichen, dass auch private Villen reich ausgestattet wurden.
> Via Gian Battista Barbiani, Tel. 054432512, Di–Fr 10–17, Sa 10–18 Uhr, 4 €, erm. 3 €

❹❶ Battistero degli Ariani ★ [Karte III]

Nachdem Theoderich den Arianismus (s. S. 62) an seinem Hof als offizielle Religion etabliert hatte, entstand Ende des 5. Jh. diese kleine **Taufkapelle**. Sie ist achteckig mit vier Apsiden. Bis auf das Mosaik in der Kuppel

Im Mausoleo Galla Placidia muss man mit Besucherschlangen rechnen

und das Taufbecken wirkt die Kapelle heute recht nüchtern, denn sie wurde von den Byzantinern leergeräumt. Das Deckenmosaik zeigt in einem Innenkreis die Taufe von Jesus Christus. Ungewöhnlicherweise ist die Figur des Jesus hier nackt dargestellt. Auf einem Außenkreis ist er von den 12 Aposteln umgeben.

› Vicolo degli Ariani, Tel. 0544543711, tgl. 8.30–19.30 Uhr, Eintritt Erw. 1 €, erm. 0,50 €

❷ Basilica di Sant'Apollinare Nuovo ★★★ [Karte III]

Der Ostgotenkönig Theoderich der Große nahm Ravenna 493 in Besitz, nachdem er den weströmischen Herrscher Odoaker ermordet hatte. Ende des 5. und zu Beginn des 6. Jh. ließ er die Basilika bauen und nutzte sie als Palastkirche. Damals war sie noch als Martinskirche bekannt. Unter Theoderich wurde Ravenna ostgotische Hauptstadt und erlebte eine Blütezeit.

Theoderich war **nichttrinitarischer Arianer**. Die Anhänger dieses Glaubens sahen Gott als Zentrum ihres Glaubens an und glaubten nicht an die Dreifaltigkeit. Die Gebäude und Mosaikverzierungen, die während der Herrschaft von Theoderich entstanden, spiegelten diese Sichtweise auch in den Mosaiken wider. So sah man dort immer wieder die Taufe als zentrales Ritual, so z. B. auch in der Taufkapelle Battistero degli Ariani ❶. Unter den Byzantinern wurden die Glaubensrituale der Arianer später als Ketzerei verurteilt und Kaiser Justinian ließ viele Mosaiken aus der Zeit Theoderichs „retouchieren", um die abgebildeten Szenen zu „berichtigen". Auch entfernte er alle Abbildungen, die Theoderich selbst zeigten bzw. ließ dessen Gesicht übermalen. Während am Eingang eine Darstellung von Theoderich die Zeit überstand, wurden viele weitere Figuren auf den Mosaiken mit Darstellungen von drapierten Vorhängen übermalt. Was man heute in der Basilika sieht, sind daher von den Byzantinern teilweise stark abgeänderte Mosaiken.

Von außen sieht man einen schlichten Langbau aus rotem Ziegel. Der **Glockenturm**, der ganz untypisch rund und nicht viereckig ist, wurde erst im 10. Jh. angefügt. Im 9. Jh. überführte man die **Gebeine von Sant'Apollinare** aus der Kirche in Classe ❹ in die Basilika und benannte sie um.

Am Eingang sieht man eine eindrucksvolle Darstellung von Schiffen im Hafen von Classe. Fast sofort nach Betreten des gradlinigen, offenen **Innenraums** wird der Blick nach oben

◁ *Das Kirchenschiff der Basilica di Sant'Apollinare wird von 24 Säulen aus Konstantinopel gestützt*

auf die **Fresken** gelenkt. Sie schmücken die Wand oberhalb von 24 Säulen aus Konstantinopel, die das Kirchenschiff stützen. Man sieht eine Prozession von Jungfrauen auf der einen und den Zug von 26 Märtyrern auf der anderen Seite, dazwischen wird das Leben Jesu dargestellt. Außerdem findet sich eine plastische Darstellung der drei Weisen aus dem Morgenland. Die aufwendige **Kassettendecke** wurde nach einem Erdbebenschaden im 16. Jh. neu hinzugefügt.

› Via di Roma 52, Tel. 0544541688, www.ravennamosaici.it, geöffnet: März–Okt. tgl. 9–19, Nov.–Feb. tgl. 10–17 Uhr, Eintritt: nur Kombiticket (s. S. 58)

43 Battistero Neoniano ★★ [Karte III]

Gleich neben dem Dom (siehe 44) befindet sich diese **Taufkapelle**, die 450 unter Bischof Neone entstand. Man betritt ein unscheinbares, achteckiges Gebäude und steigt erst einmal hinab. Das Baptisterium ist eines der Gebäude der Stadt, die langsam im schlammigen Untergrund versinken. Die ursprünglichen vier Eingangstüren sind heute daher nicht mehr in Funktion.

In Abgrenzung zum Battistero degli Ariani 41, der Kapelle der arianischen „Ketzer", wird sie auch als „**orthodoxe**" **Kapelle** bezeichnet. Hier sind die **Mosaiken** noch vollständig erhalten und die Taufszene von Jesus Christus im Jordan durch Johannes den Täufer ist farblich brillanter. Die Apostel sind in weiße und goldene Togen gehüllt. Das **Taufbecken** ist aus griechischem Marmor und Porphyr.

› Piazza Duomo, Tel. 05 44541688, geöffnet: März–Okt. 9–19, Nov.–Feb. 10–17 Uhr, Eintritt: nur Kombiticket (s. S. 58)

44 Museo Arcivescovile und Cappella di Sant'Andrea ★ [Karte III]

Mit dem Bau des **Duomo di Ravenna** begann man bereits unter Bischof Ursiano am Ende des 4. Jh. Zu den ältesten Teilen gehören heute die Krypta und der Kirchturm (10. Jh.), der Rest stammt aus dem 18. Jh. Sehenswert ist vor allem das **Erzbischöfliche Museum**, das auf dem Gelände hinter dem Dom steht. Es wurde von Erzbischof Farsetti gegründet, als man beim Neubau des Doms im 18. Jh. auf viele antike Funde stieß. In der Ausstellung sind Schriftplatten und Stelen aus römischer Zeit zu sehen, die teils stark zerstört sind und sich unter den Fundamenten des alten Doms befanden. Das Kernstück des Museums ist jedoch die **Andreaskapelle** aus dem Jahr 494, ein ver-

Das Battistero di Neoniano ist heute vom Absinken bedroht

steckter, privater Gebetsraum für die Bischöfe. Auf den Mosaiken sticht z. B. ein bartloser Christus in römischer Soldatenkleidung heraus.
> Piazza Arcivescovado 1, Tel. 0544541688, www.turismo.ra.it, geöffnet: März-Okt. 9-19, Nov.-Febr. 10-17 Uhr, nur Kombiticket (s. S. 58)

㊵ Mausoleo di Teodorico ★

Das Mausoleum ist einer der außergewöhnlichsten Bauten, die die **Ostgoten** in Ravenna hinterließen. Aus Istrienstein erbaut, sitzen auf einem zehneckigen Unterbau ein runder Überbau und eine Kuppel. Das Ganze ähnelt einer Krone.

Das Grab, das **Theoderich** sich noch zu Lebzeiten erbauen ließ, ist innen fast leer, denn es wurde von den Byzantinern geplündert. Im **Gruftraum** gibt es vier kreuzförmig angeordnete Nischen, die wahrscheinlich für die Sarkophage von Mitgliedern des Hofstaats und der Familie Theoderichs gedacht waren. Nach oben gelangt man über eine Außentreppe. Dort gibt es eine Altarnische, alles andere wurde von den Byzantinern entfernt. Es gibt eine Art Wanne aus Porphyrstein, von der man annimmt, sie könnte der Sarkophag Theoderichs gewesen sein.
> Via Delle Industrie 14, Tel. 0544543724, geöffnet: tgl. 8.30-19 Uhr, Eintritt Erw. 4 €, erm. 2 €, Kombiticket (s. S. 58)

㊶ Antico Porto di Classe ★

Der **Hafen von Ravenna** gehörte zu den bedeutendsten in der antiken Welt. Von hier aus wurde mit dem gesamten Byzantinischen Reich und Afrika Handel betrieben. Heute kann man hier **archäologische Ausgrabungen** besichtigen. Auf dem Gelände sind entlang der einstigen Kais und Straßen Laufstege mit Schautafeln angelegt. Im Besucherzentrum am Eingang zeigt eine **Multimediapräsentation** das Leben rund um die Anlage zur damaligen Zeit. Durch die Versandung der Küste versank die ehemalige Stadt langsam im Schlamm und man musste weiter landeinwärts ziehen. Aber auch im heutigen Stadtzentrum von Ravenna sind weiterhin Gebäude vom Absinken bedroht.
> **Parco Archeologico di Classe**, Via Marabina 7, Tel. 0544478100, www.parcoarcheologicodiclasse.it, geöffnet: 3. Juli-3. Sept. tgl. 18-23, 4. Sept.-31. Okt. Sa, So 10-18 Uhr, Eintritt: Erw. 5 €, erm. 4 €, geführte Touren von 11-16 Uhr, 4 €

◁ *Im Mausoleum des Goten Theoderich wurde sein Leichnam wahrscheinlich nie bestattet*

▷ *Eine Statue von Kaiser Augustus begrüßt Besucher im Vorort Classe*

47 Basilica di Sant'Apollinare in Classe ★★★

Von der ursprünglichen Stadt Ravenna sind im heutigen Vorort Classe nur noch wenige Zeitzeugen zu finden. Wer den Weg zur alten Basilika, ca. 8 km außerhalb des heutigen Stadtzentrums, gefunden hat, wird dafür mit einem außergewöhnlichen Kunsterlebnis belohnt.

Der Schutzpatron Ravennas, **Apollinaris**, kam gegen Anfang des 2. Jh. in die Stadt und gründete die erste christliche Gemeinde. 549 wurde das Gotteshaus über seinem Grab eingeweiht. Damals war die Gegend um den alten Hafen von Classe noch dicht besiedelt. Heute ragt die Kirche schon von Weitem sichtbar einsam aus der flachen Landschaft heraus.

Die Gesamtanlage der Kirche ist imposant und die **Mosaiken** im Inneren sind von außergewöhnlicher Farbintensität. Der **Innenraum** erinnert an ein überdachtes römisches Forum, wie oft bei frühchristlichen Kirchen. Wie beim Namensvetter Sant'Apollinare Nuovo 42 wird das Kirchenschiff von mit Pflanzenranken verzierten, filigran gearbeiteten **byzantinischen Säulen** gestützt. Außerdem sind **Sarkophage** aus griechischem Marmor mit schönen Verzierungen aus dem 5. bis 8. Jh. zu sehen. Anziehungspunkt am Ende des Raums ist das **Apsismosaik**. Dort steht Apollinaris mit ausgebreiteten Armen und umgeben von seinen Schäfchen auf einer hellgrünen Wiese. Über allem thront ein goldenes Kreuz, auf dem das Gesicht von Jesus Christus abgebildet ist. Vom Künstler wurde großer Wert auf die realistische Darstellung der Wiese gelegt: Man sieht Blumen, Pinienbäume und Felsbrocken.

Auf **weiteren Mosaiken** sind Bischof Ursiano, der die Basilika in Auftrag gab, drei weitere Bischöfe und

Kaiser, die Privilegien erteilen, sowie drei biblische Figuren abgebildet, die Gott ein Opfer bringen. Auf dem Chorbogen sind außerdem die vier Evangelisten mit Christus in ihrer Mitte als Tierfiguren dargestellt. Die Darstellung von Lukas zeigt ihn mit einem Schweinekopf. Wand- und Bodenmosaiken haben die Zeiten nicht überdauert.

Die Tatsache, dass die Basilika weitgehend unbeschädigt blieb, hängt sicherlich damit zusammen, dass sich hier der Schrein für die Gebeine von Apollinaris befand, bevor man die Reliquien im 9. Jh. in die neue Kirche Sant'Apollinare Nuovo ❷ brachte.

› Via Romea Sud 224, Tel. 0544543724, www.turismo.ra.it, geöffnet: Mo-Sa 8.30-19.30 Uhr, Eintritt Erw. 5 €, erm. 2,50 €, Kombiticket (s. S. 58).

Kulinarisches

🍴29 [Karte III] **La Piadina del Melarancio** €, Via IV Novembre 21/23/31, Tel. 0544201108, www.lapiadina.biz, Mi-Sa 11.30-1.30 Uhr. Leckere italienische Tapas wie die mit Fleisch oder Gemüse gefüllten Teigtaschen Piadina und Crescione.

🍴30 [Karte III] **Pasticceria Palumbo**, Piazza San Francesco, Tel. 0544213038, geöffnet: Di-So 8-23 Uhr. Schöne Lage mit Blick auf die Piazza San Francesco, gleich neben der Touristeninformation. Leckere Snacks und Kuchen.

🍴31 [Karte III] **Ristorante La Gardela** €€, Via Ponte Marino 3, Tel. 0544217147, http://ristorantelagardela.com, geöffnet: Fr-Mi 12-14.30, 19-22.30 Uhr. Exzellente Küche und Service. Nicht von ungefähr ist das Restaurant bei Einheimischen und Touristen beliebt.

Shopping

🛍32 [Karte III] **Antikmarkt.** An jedem dritten Wochenende im Monat kann man von der Piazza Garibaldi aus auf der Suche nach Raritäten durch die schönsten Ecken der Stadt wandern. Der Markt erstreckt sich über die Via Gordini und die Via Corrado Ricci bis zur Piazza dei Caduti Per la Libterta und von der Via Diaz bis zur Piazza Einaudi.

🛍33 [Karte III] **Koko Mosaico,** Via di Roma 136, 48121 Ravenna, Tel. 0544465190, http://kokomosaico.com/en. Handgemachte Mosaiken direkt in der Künstlerwerkstatt kaufen.

Unterkünfte

🏨34 [Karte III] **Best Western Hotel Bisanzio** €€, Via Salara 30, 48121 Ravenna, Tel. 0544217111, www.bisanziohotel.com. **Großes Frühstücksbüfett:** modernes Hotel der bekannten Kette.

🏨35 [Karte III] **Casa Masoli Bed & Breakfast** €, Via Girolamo Rossi 22, 48121 Ravenna, Tel. 0544217682, www.casamasoli.it. **Ausgefallen:** Boutiquehotel mit fantasievoll dekorierten Zimmern. Frühstück und WLAN eingeschlossen.

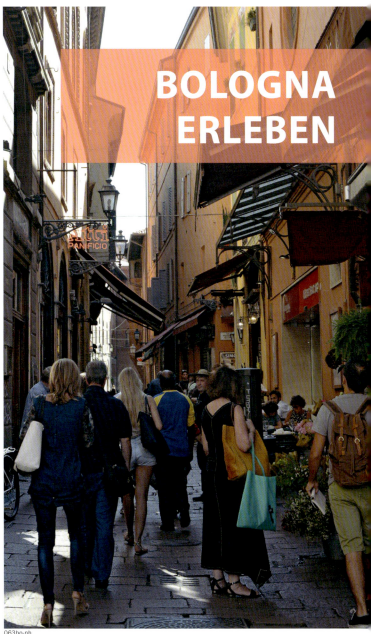

BOLOGNA ERLEBEN

Bologna für Kunst- und Museumsfreunde

In Bologna gibt es über 50 Museen, die viele Interessenschwerpunkte abdecken. Oft sind schon die historischen Palazzi sehenswert, in denen die Museen untergebracht sind. So kann man in der Pinacoteca Nazionale religiöse Werke alter Meister wie Giotto bewundern oder in der Bildergalerie des Palazzo Comunale Einblick in den Stil der Bologneser Schule, die aufgrund ihrer neuen Art der Freskenmalerei als Wegbereiter des Barock galt, mit Gemälden der federführenden Vettern Caracci, Guercino und Reni erhalten.

Im MAMbo kann man moderne Kunst anschauen. Hier ist auch dem Bologneser Maler Giorgio Morandi eine permanente Ausstellung gewidmet. Archäologische Funde aus der Frühgeschichte Bolognas zeigen das Museo Civico Archeologico und das Museo Civico Medievale. Auf dem Universitätsgelände wartet der Palazzo Poggi mit sieben Museen auf, die u. a. Sammlungen zur Naturgeschichte, Physik, Astronomie, Anatomie und Seefahrt zeigen. Zeitgleich zu den kulturellen Veranstaltungen und Festivals finden zudem oft auch thematische Ausstellungen statt (s. S. 90).

Museen

🏛 **36 Gelato Museum Carpigiani,** Via Emilia 5, 40011 Anzola dell'Emilia, Tel. 0516505306, www.gelatomuseum.com/en, geöffnet: Di–Sa 9–18 Uhr, Besuch nur im Rahmen einer vorgebuchten Tour, z. B. „Tour Taste Gelato History",

◁ *In den Gassen des Quadrilatero* ❿ *herrscht den ganzen Tag Betrieb*

Dauer 1 Std., Eintritt: Erw. 7 €, erm. (Kinder 3–13 Jahre und mit Bologna Welcome Card) 5 €. Anreise: Mit dem Auto auf der A1 Richtung Milano bis Bologna Borgo Panigale oder mit Bus Nr. 87 von der Piazza XX Settembre [E1] bis Station Magli (ca. 35 Min). Hier kann man einen Kindertraum verwirklichen und im Eismuseum sein eigenes Eis herstellen.

❾ **[C2] MAMbo (Museo d'Arte Moderna di Bologna) und Museo Morandi.** Das Museum zeigt moderne italienische Kunst aus verschiedenen Epochen und beherbergt zurzeit auch das Museo Morandi mit Werken des gleichnamigen Künstlers (s. S. 23).

⓬ **[E5] Museo Civico Archeologico (Archäologisches Museum).** Zeitzeugen aus der interessanten Frühgeschichte Bolognas, der Villanova-Kultur, dem etruskischen Felsina und dem römischen Bononia (s. S. 28).

㉖ **[H6] Museo Civico del Risorgimento und Museo di Casa Carducci.** Hier bekommt man Infos zur Rolle Bolognas im Einigungskampf der Italiener und kann das Wohnhaus des Dichters Carducci besichtigen (s. S. 40).

❼ **[D4] Museo Civico Medievale (Mittelaltermuseum).** Wertvolle Gemälde und Statuen aus den historischen Palazzi sind hier ebenso zu sehen wie mittelalterliche Kirchenschätze (s. S. 22).

⓱ **[G5] Museo Davia Bargellini und Museo Civico d'Arte Industriale (Museum für Industriekunst).** In einem herrschaftlichen Barockpalast zeigt das sogenannte „Industriemuseum" eigentlich Design und Gebrauchskunst aus dem 18. Jh. Außerdem sind Gemälde aus der Sammlung von Davia Bargellini zu sehen (s. S. 33).

🏛 **37 [B5] Museo della Resistenza,** c/o Ex Convento di S. Mattia, Via Sant'Isaia 20, Tel. 0513397231, geöffnet: 1.

Bologna für Kunst- und Museumsfreunde

Museumsbesuch preiswert
In den **städtischen Museen** (siehe www.museibologna.it) zahlen Jugendliche unter 18 Jahren, Senioren über 65 Jahren, Studenten und Behinderte keinen Eintritt. Am ersten Sonntag im Monat ist der Eintritt für alle Besucher frei. Die Bologna Card (s. S. 113) ermöglicht ebenfalls freien Eintritt in die städtischen Museen und Ermäßigungen in vielen anderen Einrichtungen.

Sept.–30. Juni Mo–Fr 15.30–18.30, Sa 10–1, Juli, Aug. Di, Mi, Fr 10–1, Do 15.30–18.30 Uhr, Eintritt frei. Das in einem ehemaligen Augustinerkloster untergebrachte Museum berichtet von der stolzen Tradition des antifaschistischen Widerstands in der Region Bologna, der bereits nach dem Ersten Weltkrieg begann. Es zeigt den Einfluss, den die lokalen Widerstandsgruppen bei der Regierungsbildung nach dem Zweiten Weltkrieg hatten.

❹ [E5] **Museo della Storia di Bologna.** Das Historische Museum bietet einen umfassenden Einblick in die Hintergründe der Stadtentwicklung (s. S. 31).

🏛 38 **Museo del Patrimonio Industriale,** Ex Fornace Galotti, Via della Beverara 123, Tel. 0516356611, www.museibologna.it/patrimonioindustrialeen, geöffnet: 1. Jan–15. Juni, 16. Sept.–31. Dez. Di–Fr 9–13, Sa 9–13, 15–18, So 15–18 Uhr, Eintritt Erw. 5 €, erm. 3 € (Studenten, über 65 Jahre), bis 18 Jahre frei. Der Schmelzofen in dem Backsteinbau aus dem Jahr 1887 war noch bis 1966 in Betrieb. Besonders interessant ist die Ausstellung über die Seidenindustrie in Bologna mit dem Modell einer historischen Seidenmühle.

🏛 39 **Museo Ducati,** Via Antonio Cavalieri Ducati 3, Borgo Panigale, Tel. 0516413343, www.ducati.com/ducati_museum/index.do, geöffnet: Mo, Di, Do–So 9–18 Uhr, Eintritt Erw. 15 €, erm. 10 € (über 65 Jahre und Ducati-Fahrer mit Ducati Card), bis 11 Jahre frei. Hier kommen Motorradenthusiasten voll auf ihre Kosten: Von den ersten Modellen aus den 1950er-Jahren bis zu den modernsten Maschinen werden hier alle Ducati-Modelle im besten Licht gezeigt.

㉑ [F4] **Museo Ebraico di Bologna (Jüdisches Museum).** Das Museum dokumentiert die wechselvolle Geschichte der Juden in der Emilia-Romagna (s. S. 35).

▷ *Die Statue Fontana di Mimmo Paladino steht vor dem MAMbo* ❾

🔴 [F5] **Museo internazionale e biblioteca della musica di Bologna.** Riesige Sammlung an historischen Musik-Memorabilia (s. S. 33).

🔴 [G4] **Palazzo Poggi.** Die naturwissenschaftlichen Sammlungen der Universität sind hier in sieben Museen ausgestellt (s. S. 37).

Kunstgalerien

› **Collezioni Comunali d'Arte,** im Palazzo Comunale ❹. Die städtische Gemäldegalerie zeigt Werke aus der Renaissance und der Bologneser Schule (s. S. 38).

🔴 40 [E5] **Galleria de' Foscherari,** Via Castiglione 2b, 051221308, www.defoscherari.com, geöffnet: Mo–Sa 10–12.30, 16–19.30 Uhr. Private Galerie für moderne Kunst mit interessanten Ausstellungen junger Künstler, aber auch modernen Klassikern.

🔴 [G3] **Pinacoteca Nazionale.** Die Pinakothek beherbergt Kunst mehrerer Jahrhunderte aus den hiesigen Kirchen (s. S. 38).

Bologna für Genießer

„In Bologna wird in einem Jahr mehr gegessen als in Venedig in zwei, in Rom in drei, in Turin in fünf und in Genua in zwanzig Jahren" (Ippolito Nievo, „Bekenntnisse eines Italieners", 1867).

Nicht umsonst gilt Bologna unter Kennern schon lange als **Gourmet-Hauptstadt.** Der Beiname der Stadt „La Grassa" („Die Fette") zeigt schon, dass gutes und reichhaltiges Essen im Leben der Bürger einen großen Raum einnimmt. Auch im einfachsten Etablissement kann man hier mit einer hohen Speisenqualität rechnen und über zu kleine Portionen kann man sich fast nie beklagen. Tatsächlich stammen viele der bekanntesten Spezialitäten Italiens entweder aus Bologna oder aus den Nachbarstädten in der Gegend der Emilia-Romagna, z. B. Parmaschinken und Parmesankäse aus Parma, Balsamicoessig aus Modena und feinstes Olivenöl aus Brisighella. Die Po-Ebene ist außerdem nicht nur

ein Zentrum der Schweinezucht, hier wird auch der Weizen für Nudelwaren und Reis für Risotto angebaut. Zudem gibt es zahlreiche Obstplantagen.

Bologneser Spezialitäten

Bologna ist der Geburtsort der Fleischsoße **Ragù**, die im Ausland als Bolognese-Soße bekannt ist. Sie bildet den Grundstock für Lasagne, die ebenfalls in Bologna erfunden wurde. Authentisches *Ragù* besteht aus Schweine- und Rinderhackfleisch mit ordentlichem Fettgehalt und muss bis zu vier Stunden gekocht werden, meist wird auch noch Milch oder Sahne beigegeben. Das *Ragù* wird hierzulande immer mit Eiernudeln wie den goldgelben Bandnudeln **Tagliatelle** serviert, die auch in Bologna erfunden wurden. Auf keinen Fall serviert man die Soße jedoch mit Spaghetti.

Wenn es um Nudeln geht, werden die Bologneser poetisch: Die Tagliatelle sollen im Jahr 1487 von einem Koch für die Hochzeitsfeierlichkeiten des Fürsten Annibale II. Bentivoglio kreiert worden sein und symbolisierten das goldene Haar von dessen Angetrauter, Lucrezia d'Este.

Auch **Tortellini** und andere Teigtaschen stammen aus Bologna. Tortellini sind angeblich dem Nabel der Venus nachempfunden, den ein neugieriger Koch durch ein Schlüsselloch erspähte, als die Liebesgöttin einst zu einem Schäferstündchen mit Jupiter in ein Bologneser Gasthaus einkehrte ... Die mit Hackfleisch, Schinken, Mortadella (oder mit allen dreien) ge-

◁ *In Bologna kann man alle Köstlichkeiten der Emilia Romagna probieren*

Gastro- und Nightlife-Areale
Bläulich hervorgehobene Bereiche in den Karten kennzeichnen Gebiete mit einem dichten Angebot an Restaurants, Bars, Klubs, Discos etc.

füllten Nudeltaschen gibt es frisch oder getrocknet in vielen Geschäften kiloweise zu kaufen. Tortellini werden entweder in einer einfachen Brühe gereicht oder man serviert sie mit einer Soße aus zerlassener Butter und Salbei. Das Gleiche gilt für **Ravioli**, die entweder mit Wurst, Speck oder Ricotta und Spinat gefüllt sind, und auch für **Cannelloni**, die es z. B. mit Kürbisfüllung gibt. Diese Teigwaren sollte man unbedingt mit einer der hier typischen, einfachen, aber extrem schmackhaften Soßen probieren, z. B. mit Speck *(speck)*, Steinpilzen *(porcini)*, den berühmten weißen **Trüffeln** *(tartuffo bianco)* oder scharf gewürzt mit Chilis und Tomaten.

Die bekannte, mit Speckwürfeln gespickte Schinkenwurst **Mortadella** ist ebenfalls eine Delikatesse aus Bologna. In Metzgereien und auf Märkten, wo übergroße Mortadellas neben Schinkenkeulen von der Decke hängen, wird eine riesige Auswahl an **Wurstwaren** *(salumi)* angeboten, vom Edelschinken *Culatello* über Salami bis *Salsiccia* (eine grobe Bratwurst). Die Wurst dient als Füllung für Nudelwaren und das Wurstbrät der *Salsiccia* findet man sogar als Pizzaauflage. Fleischlastig ist auch der traditionelle **Bollito Misto**, ein Eintopf aus mehreren Fleischsorten wie Rind, Kalb, Huhn und Zunge.

Typische **Süßspeisen**, die man in der Region findet, sind z. B. die **Zuppa inglese**, ein knallroter Schichtkuchen mit Vanillesoße und Fruchtmus, der auf den englischen *trifle* zurückgeht. Recht verbreitet sind auch die **Torta di riso**, ein Kuchen aus Mandeln und Milch, oder **Castagnaccio** aus Kastanienmehl und Pinienkernen. Die Crèmeschnitten und Sachertorten, die man in den *pasticcerias* der Stadt findet, sind ein Überbleibsel aus der Zeit, als die österreichischen Habsburger die Emilia-Romagna regierten.

Unter den **Weinen** der Region beeindrucken der rote **Sangiovese** und der weiße **Albana di Romagna**. Auch auf den Apennin-Hügeln rund um Bologna wachsen Reben wie Pinot Bianco, Chardonnay und Riesling, die unter der Herkunftsbezeichnung *(denominazione)* **Colli Bolognesi** verarbeitet werden. Der ebenfalls hier heimische, leicht prickelnde **Lambrusco** hat zu Unrecht einen schlechten Ruf: Vor Ort findet man trockene und halbtrockene leichte Varianten, die sich gut mit den schweren Fleischgerichten vertragen.

> **EXTRATIPP**
>
> **Eiskunst: Gelato mal süß und mal herzhaft**
> Die Bologneser sind ganz verrückt nach *gelato* (Eis). Viele der zahlreichen, hypermodern bestückten Eisdielen überschlagen sich regelrecht im Erfinden neuer und ausgefallener Geschmacksrichtungen. Diese sind oft eher herzhaft als süß, wie z. B. Birne mit Gorgonzola. Was man stattdessen vergeblich sucht, ist einfaches Vanilleeis, das leider aus der Mode gekommen ist. Stattdessen ist Sahneeis *(fior di latte)* recht verbreitet. Eisfans sollten sich einen Besuch im Eismuseum mit Eisakademie nicht entgehen lassen, wo man sogar beim Workshop seine eigene Eissorte herstellen kann.
> › **Gelato Museum Carpigiani**
> (s. S. 68)

Vom Frühstück bis zum Abendessen

Zum Frühstück trinkt man in Bologna wie auch anderswo in Norditalien schwarzen **Kaffee** bzw. Espresso *(caffè)* oder einen Capuccino mit Milchhaube. Wer Latte Macchiato bestellt, bekommt ein Glas mit aufgeschäumter Milch ohne Kaffee. Man kann aber Kaffee dazubestellen und nach Geschmack zugeben. Zu dem starken Kaffee erhält man normalerweise ein kleines Glas kaltes Wasser, das man nebenbei trinkt.

Für Italiener besteht das **Frühstück** (**Prima Colazione**) vor allem aus **Süßwaren** *(dolci)*. In Hotels und anderen Unterkünften wird daher immer eine große Auswahl an Süßem serviert. Die Bandbreite reicht vom mit Schokolade gefüllten Croissant bis hin zu Nusskuchen. Wem das nicht süß genug ist, der findet zudem noch Honig und Marmelade. Zerealien, Fruchtsäfte und frisches Obst stehen normalerweise ebenfalls zur Auswahl. Weitere beliebte **Backwaren** sind Zwieback, Crostini, Biscotti (Hartkekse) oder Cantucci (mit Mandeln), die in den Kaffee getunkt werden. In den meisten Hotels wird zudem eine Auswahl an pikanten Gerichten *(salate)* angeboten, darunter Rühreier oder gekochte Eier, Schinken und Käse, Tomaten, Oliven, Sandwiches o. Ä.

Wohl aufgrund der Fleischlastigkeit und weil viel mit Schweineschmalz *(strutto)* gekocht wird, gilt die **Küche der Emilia-Romagna** als schwer und reichhaltig. Wer die richtige Auswahl trifft, kann sich aber mit Gemüserisotto oder Grillfleisch und Salat durchaus auch kalorienärmer ernähren. Fast-Food-Establissements findet man in Bologna kaum. Tagsüber kann man sich gut mit Backwaren,

Bologna für Genießer

Pizzastücken oder Sandwiches verköstigen, die in Bäckereien *(panetteria)* oder Cafés in unzähligen Variationen angeboten werden. Die meisten **Restaurants** öffnen zwischen 12 und 15 Uhr zum **Mittagessen** (**Pranzo**) und dann allerdings erst wieder ab 19 Uhr zum Abendessen (**Cena**). Wer normalerweise ein frühes Abendessen gewohnt ist, sollte dies bei der Tagesplanung beachten.

Um die Wartezeit zu verkürzen, begeben sich die Bologneser zwischen 16 und 19 Uhr zum sogenannten **Aperitivo** (s. S. 79) in die zahlreichen Café-Bars, wo man sättigende Vorspeisensnacks als kostenfreie Zugabe zum Getränk erhält. Zum Nachmittagskaffee servieren einige Cafés auch kostenlose süße Snacks wie *bombolini* (Krapfen mit Cremefüllung).

Wer typisch italienisch **zu Abend essen** will, sollte sich an die Folge der Gänge halten, d. h. **Antipasti** (Vorspeisen), **Primi Piatti** (erster Gang), **Secondi Piatti** (zweiter Gang) und **Dolci** (Nachspeisen). Der erste Gang besteht üblicherweise aus einem Nudelgericht, Risotto oder wahlweise auch Salat. Als zweiten Gang isst man Fleisch, Fisch oder auch Pizza. **Beilagen** *(contorni)* werden gesondert bestellt. Oft gibt es auch Menüoptionen mit Fleisch oder Fisch. Mindestens sollte man jedoch ein Nudelgericht und dazu eine Beilage wie Salat bestellen, sonst blickt der Wirt unmutig drein. In Bologna sind auch **Wurst- und Schinkenteller** *(tagliere di salumi misti)* als Hauptgericht recht verbreitet, die man z. B. in einer Enoteca auch ohne Vorspeise bestellen kann.

Mit dem **Trinkgeld** *(mancia)* hält man es in Italien wie auch in Nordeuropa (10 % der Rechnung), allerdings rundet man die Rechnung nicht auf, sondern lässt das Trinkgeld dezent auf dem Tisch liegen. Liest man auf der Speisekarte „servizio compreso", ist der Servicebetrag bereits eingeschlossen und man muss nicht unbedingt etwas geben. Den **coperto**, einen Aufschlag, der für das Gedeck und den Brotkorb verlangt wird, muss man aber immer zahlen.

Wurst- und Käseplatten sind auch als Hauptgericht beliebt und werden auch in Enotecas angeboten

Hervorhebenswerte Lokale

Einfache und preiswerte Gerichte gibt es in Osterien, Trattorien und Pizzerien. Einfache Snacks werden auch in Enotecas (Weinbars) serviert. Im Ristorante geht es feiner zu und hier sollte man mehrere Gänge einplanen. Von den „Foodies" dieser Welt wurde Bologna zwar zur Schlemmerhauptstadt Italiens gekürt, für die Gaumen der Guide-Michelin-Inspektoren ist die lokale deftige Küche aber wohl nicht raffiniert genug. So kann die Stadt nur ein einziges Sternerestaurant aufweisen, und zwar im Hotel I Portici (s. S. 124), das allerdings neapolitanische Küche serviert.

Osteria, Trattoria, Pizzeria, Enoteca

41 [E5] **051 - Zerocinquantello** €, Via Pescherie Vecchie 2/b, Tel. 0510470743, www.zerocinquantello.it, geöffnet: tgl. 12-15, 18.30-23.30 Uhr. Eine der beliebtesten Enotecas im Quadrilatero. Hier gibt es gehaltvolle „Snacks" von Fleischbällchen über Lasagne bis zu Wurstplatten kombiniert mit ausgesucht guten Weinen und Bieren. Die Eigentümer betreiben mehrere Etablissements in der Stadt, auch die benachbarte Osteria Zerocinquantino.

42 [E5] **Bar Calice** €, Via Clavature 13, www.barilcalice.it, geöffnet: Winter Di-Fr 8.30-12, Sa, So 9.30-1, Sommer Di-Fr 8.30-1, Sa, So 9.30-3 Uhr. In dieser Weinbar, die auch als Restaurant fungiert, kann man den ganzen Tag gut sitzen, trinken und essen.

43 [E4] **Bottega Portici 2 Torri** €, Piazza di Porta Ravegnana 2, Tel. 0512964211, www.bottegaportici.it, tgl. 7.30-22 Uhr. Im Ableger des Sternerestaurants im Hotel I Portici geht es zwanglos und freundlich zu. Man kann zuschauen, wie die Pasta gewalkt wird und blickt auf die Due Torri.

44 [B4] **Fish Bar l'Amo** €, Via del Pratello 58 B, Tel. 0513932477294, www.fishbarlamo.com, geöffnet: tgl. 9-23 Uhr. Fisch in vielen leckeren Variationen.

› **Il Caffè della Corte** €€€, Corte Isolani (s. S. 32), Tel. 051261555, www.ilcaffedellacorte.it/en, geöffnet: Mo, Mi-Fr 9-24, Sa 10-24, So 12-24 Uhr, WLAN. Dieses Bistro bietet ganztags Snacks wie Käse- und Schinkenplatten oder Lasagne und natürlich auch Getränke an.

45 [E5] **In Cucina Bistrot** €, Via de' Toschi 9, Tel. 051222096, Facebook, geöffnet: Mo-Sa 8.30-15.30, Fr, Sa 19.30-22.30 Uhr. Verstecktes Bistro mit leckerem Angebot von der Tageskarte. Abendessen nur am Wochenende.

46 [E4] **La Prosciutteria** €, Via Guglielmo Oberdan 19/a, Tel. 0510453717, Facebook, geöffnet: tgl. 10.30-23 Uhr. Der angesagteste Treffpunkt in der Via Oberdan: In dieser Osteria/Enoteca sitzt man dichtgedrängt auf Bänken nebeneinander und knabbert an den besten Wurst- und Käsetellern der Stadt.

47 [E3] **Osteria dell'Orsa** €, Via Mentana 1, Tel. 051231576, www.osteriadellorsa.com, geöffnet: tgl. 12.30-23 Uhr. Gut besuchter „Hipster"- und Studententreff im Uniiviertel mit guter Küche zu erschwinglichen Preisen.

48 [E5] **Osteria del Podestà** €, Via degli Orefici, Tel. 051273829, Facebook, geöffnet: tgl. 11-24 Uhr. Gleich um die Ecke von der Piazza Maggiore und mit geräumiger Außenterrasse auf der verkehrsberuhigten Straße. Ganztags beliebt und belebt.

49 [B4] **Osteria Il Cantinone** €, Via del Pratello 56/a, Tel. 051553223, www.osteriailcantinone.it, Restaurant tägl. 12.30-14.30, 17-22 Uhr, Bar Mo-Sa 12.30-14.30, 19.30-1 Uhr. Einfache Osteria in der beliebten Via del Pratello. Es gibt Aperitivo, Wurstplatten und Nudelgerichte.

Bologna für Genießer

- 🍴**50** [D3] **Ristorante Pizzeria Mangiassieme** €, Via de' Falegnami 5b, Tel. 0515878650, geöffnet: tgl. 12-24 Uhr. Einfaches Restaurant mit guter Pizza und einer großen Auswahl an Nudel-, Fleisch- sowie Fischgerichten.
- 🍴**51** [E5] **Rosa Rose Bistrot** €€, Via Clavature 18/b, Tel. 0510282382, www.rosarose.it, geöffnet: Mo-Fr 9.30-1, Sa/So 8.30-1 Uhr. Unkompliziertes Bistro mit netter Außenterrasse.
- 🍴**52** [F3] **Trattoria Anna Maria** €, Via delle Belle Arti 17, Tel. 051266894, www.trattoriannamaria.com, geöffnet: 12.30-15, 19.30-23 Uhr. Diese Trattoria, von der Besitzerin Anna-Maria bereits seit 30 Jahren geführt, gehört zu den traditionellen Klassikern in der Bologneser Gastroszene. Reservierung empfohlen.
- 🍴**53** [D5] **Trattoria Battibecco** €€€, Via Battibecco 4, Tel. 051223298, www.battibecco.com, geöffnet: Mo-Fr 12.30-14.30, 19.30-22.30 Uhr. Sehr feine Küche, schön präsentiert, – hier isst auch das Auge mit.
- 🍴**54** [E3] **Trattoria Montanara** €, Via Augusto Righi 15/a, Tel. 051221583, www.trattorialamontanara.com, geöffnet: Mo-Sa 12-14.30, 19.15-23 Uhr. Beliebte, kleine Trattoria an der Gastromeile Via Righi.

Ristorante

- 🍴**55** [E4] **Gessetto Ristorante** €, Piazza San Martino 4/a, Tel. 0510548873, http://gessettospirit.it/ristorante, geöffnet: Di-Sa 12.30-15, 19.30-23, So 12-16 Uhr. Die Zutaten aus der Emilia-Romagna werden hier modern interpretiert.
- 🍴**57** [B4] **Ristorante Casa Monica** €€, Via San Rocco 16, Tel. 051522522, https://casamonica.it, geöffnet: tägl. 19-23 Uhr. Täglich wechselnde Karte mit saisonalen Produkten, schöner Garten im Innenhof nahe des Giardino Via San Rocco.

La Prosciutteria in der Via Oberdan ist ein beliebter Treffpunkt

EXTRATIPP

Dinner for One

Italienische Gastronomen bedienen alle Gäste mit Aufmerksamkeit und halten auch gern ein Schwätzchen mit allein speisenden Gästen. Daher kann man eigentlich in jedem Restaurant in Bologna auch gut solo einkehren und sich willkommen fühlen. In der **Osteria dell'Orsa** (s. S. 74) sitzt man nahe beieinander und kommt schnell ins Gespräch. Auch im **Mercato delle Erbe** (s. S. 78) gibt es die Möglichkeit, ungezwungen mit anderen ins Gespräch zu kommen oder wahlweise auch allein zu sitzen. Im **Ca' Pelletti** (s. S. 77) gibt es genug Raum auch für Einzeltische.

Preiskategorien

€	8-13 €
€€	14-18 €
€€€	19-25 €

Die Preiskategorien beziehen sich auf ein Hauptgericht ohne Getränke und *coperto*.

Bologna für Genießer

- 🍴 **58** [E5] **Ristorante Clavature** €€, Via Clavature 17/c, Tel. 051264353, www.clavature.it, geöffnet: tgl. 11–24 Uhr. In einer der ruhigeren Gassen des Quadrilatero. Traditionelle Rezepte der emilianischen Küche modern angerichtet.
- 🍴 **59** [D3] **Ristorante Il Moro** €€, Via de' Falegnami 5/d, Tel. 051267105, www.ristoranteilmoro.com, geöffnet: tgl. 12–16, 18–23.30 Uhr. Auf Touristen eingestelltes Restaurant mit großer Speiseauswahl und relativ ruhiger Außenterrasse.
- 🍴 **60** [E5] **Ristorante Papagallo** €€€, Piazza della Mercanzia 3, Tel. 051232807, www.alpappagallo.it/en, geöffnet: 12.30–14.30, 19.30–22.30 Uhr. Das alteingesessene, elegante Restaurant befindet sich in einem historischen Gebäude aus dem 13. Jh. Hier sollen angeblich schon Filmstars gespeist haben.

Cafés

- ☕ **67** [D1] **Bar River**, Via Giovanni Amendola 13, Tel. 0519922513, geöffnet: Mo-Sa. 7–18.30 Uhr. Einfache Café-Bar nahe Bahnhof, in der man preiswert frühstücken und lunchen kann.
- ☕ **68 Café Ménil**, Via Andrea Costa, 91/c, Tel. 0516143999, www.cafemenil.com, geöffnet: Mo-Mi, Fr 7–17.30, Do 7–14.30, Sa 7–15 Uhr. In diesem Bio-Café, fühlt man sich fast wie im Grünen, denn die Hauspflanzen hängen hier von der Decke. Das Café befindet sich etwas außerhalb, auf dem Weg zum Certosa-Friedhof.

EXTRATIPP

Lecker vegetarisch

Auch wenn die Küche auf Fleisch ausgerichtet ist, finden Vegetarier und Veganer in Bologna ausreichend Restaurants, die fleischlose Gerichte servieren.

- 🍴 **61** [B4] **Canapé** €, Via Sant'Isaia 57/a, Tel. 051522206, Facebook, geöffnet: Mo-Fr 8–19.30, Sa 8–13 Uhr. Bio-Pasticceria mit leckeren Backwaren wie Brot, Pasteten und Kuchen.
- 🍴 **62** [F3] **Cento3cento** €€, Via Centotrecento 12/a, Tel. 3429819151, http://cento3centoveg.blogspot.co.uk, geöffnet: Mo-Sa 12–15.30, Fr, Sa auch 19–23 Uhr, WLAN. Diese Paninoteca bietet biologisch angebautes Street Food für Veganer und Vegetarier wie Veggie-Burger an. Man legt Wert auf Nachhaltigkeit und benutzt u. a. kompostierbares Geschirr und Besteck.
- 🍴 **63** [H4] **Delogo** €€, Via Zaccherini Alvisi 19/d, Tel. 051245734, http://delogo.weebly.com, geöffnet: Di-Sa 17.15–23, So 12.30–14.30, 19.15–22.15 Uhr, WLAN. Vegetarische Spezialitäten aus der Küche Kretas für Veganer und Vegetarier.
- 🍴 **64** [E4] **Frutteria FraGola** €, Piazza San Martino 3, Tel. 0519913933, www.fragolaonline.it, geöffnet: Mo-Sa 8–20 Uhr. Leckere Salate, Säfte und vegetarische Gerichte.
- 🍴 **65 Il Cerfoglio** €€, Via Kennedy 11, San Lazzaro di Savena, Tel. 051463339, geöffnet: Mo-Sa 12–14, 19.30–23 Uhr, WLAN. Das klassisch elegante Lokal im östlichen Bezirk San Lazzaro bietet einfallsreiche Gerichte wie *Tempeh* (Sojaküchlein) mit knackigem Gemüse, die vom argentinischen Küchenchef zubereitet werden.
- 🍴 **66** [B4] **Trattoria Baraldi** €, Via del Pratello 40, Tel. 051235574, www.trattoriabaraldi.it, tgl. 12.30–15, 19.30–24 Uhr. Trattoria und Pizzeria. Vegetarisches Lunchmenü 11 €/ Dinner 13 €.

Bologna für Genießer

69 [E4] **Caffè Terzi,** Via Guglielmo Oberdan 10/d, Tel. 0510344819, http://caffeterzibologna.com/en/, Mo-Sa 8-18 Uhr. Die Familie Terzi mischt ihre eigenen Kaffeesorten und jede Tasse wird mit professioneller Präzision zubereitet. Daneben wird auch ein großes Sortiment an Tees angeboten.

70 [D4] **Caffè Vittorio Emanuele,** Piazza Maggiore, 1, Tel. 051265796, Facebook, geöffnet: tgl. 7-22 Uhr. Das Café unter den Arkaden des Palazzo Re Enzo ist zwar teuer, aber von hier aus hat man einen unschlagbaren Blick auf die Piazza Maggiore.

71 [E5] **Caffè Zanarini,** Piazza Galvani 1, Tel. 0512750041, http://antoniazzi.biz/barcaffe/caffe-zanarini, geöffnet: tgl. 7-21 Uhr. Schickes Café auf der Piazza Galvani beim Archiginnasio ⓭ mit einer riesigen Auswahl an feiner Patisserie und guten Aperitivo-Häppchen.

72 [E4] **Ca' Pelletti,** Via Altabella 15c/d, Tel. 051266629, www.capellettilocandaitalia.it, geöffnet: tgl. 8-22 Uhr. Große Auswahl an sättigenden Frühstücksgerichten wie Müsli, Joghurt, Eier und Sandwiches. Auch vegetarische und vegane Gerichte. Man folgt hier der klassischen Philosophie des Chefkochs Pellegrino Artusi (1820-1911), Autor des Standardwerks „La scienza in cucina e l'arte di mangiar bene". Es werden auch Kochkurse angeboten.

73 [E5] **Casa Minghetti,** Galleria Cavour, Piazza Minghetti 1/a, Tel. 0515876685, https://it-it.facebook.com/casaminghettibologna, tgl. 8.30-23.30 Uhr. Die Café-Bar an der baumbestandenen Piazza serviert ganztags Snacks und kleine Gerichte, u. a. auch Brunch.

74 [E3] **Naama Caffè,** Via Oberdan 31/b, Tel. 3887306299, Facebook, geöffnet: 7-19 Uhr. Ein Hauch vom Orient umgibt einen in diesem Arkaden-Café mit türkischen, marokkanischen und italienischen Kaffeespezialitäten und den unbedingt dazugehörigen Süßwaren.

75 [E3] **Opera Caffè e Tulipani,** Via Alessandrini 7, Tel. 051245122, geöffnet: So 9-21.30, Di-Do 8-23, Fr-Sa 8-20 Uhr. Dieses Café bietet altmodischen Schick und einen kleinen Balkon mit Blick auf den Canale delle Moline.

EXTRATIPPS

Der erste Kaffee
Im luftigen und freundlichen Café Pappare' sitzt man unter den Arkaden der Via de' Giudei. Es wird ein fantasiereiches Frühstücks- und Brunchmenü geboten, u. a. mit Croissants und Gebäck, Joghurt-Müsli, Pfannkuchen, Toast mit Avocado oder sogar englisches Frühstück.
76 [E4] **Pappare',** Via de' Giudei 2, Tel. 0510954088, www.pappa-reale.it, geöffnet: Mo-Sa 7-23, So 9-23 Uhr

Für den späten Hunger
In der Stadt der „Nachtkauer" bieten die meisten **Osterias** (s. S. 81) noch mindestens bis Mitternacht füllende Snacks an. In Musikkneipen oder ausgewiesenen Studentenkneipen wie der **Bar Wolf** (s. S. 81) oder dem **Bentivoglio Club** (s. S. 82) wird noch bis nach 24 Uhr Essen serviert. Die **Gelateria Il Gelatauro** (s. S. 78) verkauft im Sommer von 24 bis 1 Uhr Eiscreme für Nachtschwärmer vom Fenster aus.

Gelaterias und Pasticcerias

77 [F5] **Cremeria Sette Chiese,** Via Santo Stefano 14, Tel. 3284367556, Facebook, Sommer tgl. 12-1, Winter tgl. 12-22 Uhr. Mit Hingabe gefertigte, schön präsentierte Eiscreme.

78 [E4] **Gelateria Gianni,** Via San Vitale 2, Tel. 051233008, www.gelateriagianni.com, geöffnet: Mo-Sa 12-23, So 11-23.30 Uhr. Die ausge-

Bologna für Genießer

△ *Die Bologneser sind verrückt nach Gelato*

EXTRATIPP

Schlemmen für den kleinen Geldbeutel

Die größte Markthalle der Stadt, der **Mercato delle Erbe**, versteckt sich in einer Passage zwischen Geschäften auf der Via Ugo Bassi. Hat man die Halle erst einmal betreten, kommt man aus dem Staunen nicht mehr heraus, denn man blickt auf unzählige Stände, die von Lebensmitteln überquellen. Links und rechts von der Haupthalle gibt es Gastronomiebereiche mit einer großen Auswahl an **Street Food**. Hier kann man vom Morgen bis zum Abend sehr gut preiswert speisen. Von Pizza bis Dim Sum ist alles zu haben. Das Mobiliar ist einfach und man holt sich sein Essen an der Theke. Die Atmosphäre in der Halle ist ungezwungen und gesellig.

83 [C4] **Mercato delle Erbe** €, Via Ugo Bassi 23–25, Tel. 051230186, www.mercatodelleerbe.eu, geöffnet: Mo-Do 7–24, Fr, Sa 7–2 Uhr. Die Öffnungszeiten der Gastronomiestände variieren. fallenen Eissorten hier beinhalten auch vegane und glutenfreie Eiscreme. Es gibt verschiedene Filialen in der Stadt.

79 [G4] **Il Gelatauro**, Via San Vitale 98/b, Tel. 051230049, https://ilgelatauro.wordpress.com, geöffnet: Mo 8.30–20, Di–Sa 8.30–22.30, So 8.30–20.30 Uhr. Exotische Eiscremekombinationen und Kuchen. Im Sommer wird von 24 bis 1 Uhr noch mal Eis vom Fenster aus an Nachtschwärmer verkauft.

80 [F6] **La Sorbetteria**, Via Castiglione 44 d/e, Tel. 051233257, www.lasorbetteria.it. Hier gibt es neben traditioneller Eiscreme auch fruchtige Sorbets ohne Zucker und eine Auswahl an Pralinen.

81 [E3] **Majori**, Via Marsala 16/c, Ecke Via Oberdan, Tel. 3921401066, Facebook, geöffnet: Di–So 11–24 Uhr. Einfallsreiche Sorten, Frozen Yogurt und leckere Torten.

82 [E5] **Pasticceria Caffetteria Santo Stefano**, Via Santo Stefano 3, Tel. 051224160, Facebook, geöffnet: Di–So 7.30–21 Uhr. Außer Eiscreme gibt es hier auch eine riesige Auswahl an fantasievollem Gebäck und leckeren Torten.

Bologna am Abend

Für eine mittelgroße Stadt bietet Bologna Nachtschwärmern ein vielseitiges Nachtleben an. Zahlreiche kulturelle Veranstaltungen wie Theaterstücke, Konzerte, Tanz und Festivals locken die Anwohner in die Innenstadt und in die umliegenden Bezirke. Die Restaurants, Enotecas und Bars sind auch an Wochentagen gut bevölkert, denn miteinander essen ist ein fester Bestandteil der italienischen Abendgestaltung. Dabei sind die Übergänge fließend, denn auch Musikklubs und Bars bieten Speisen an. Somit ist die Innenstadt am Abend fast genauso belebt wie tagsüber.

Wenn in den Sommerferien Studenten und Anwohner die Stadt verlassen, um den August am Meer zu verbringen, machen viele Etablissements ebenfalls **Sommerpause**. In dieser Zeit finden dann in fast allen städtischen Parks Open-Air-Veranstaltungen statt, so z. B. im Rahmen des Kultursommers „BEST" (s. S. 91).

Nachtleben

Sofern die Temperaturen es erlauben (was fast immer der Fall ist), gibt es Tische im Freien – bei Platzmangel stellt man sich mit seinem Drink einfach vor das Lokal. Im studentischen Bezirk rund um die **Piazza Verdi** [F4] und entlang der **Via Zamboni** [E/F4] finden sich oft größere Gruppen von Studenten und jungen Nachtschwärmern der Alternativszene unter den Arkaden zusammen und trinken im Freien. Im Innenstadtbereich drängen sich in den engen Gassen des **Quadrilatero** ❿ Yuppies auf den Terrassen der Delikatessenläden aneinander. Eine ähnliche Klientel findet man auf der **Via Oberdan** [E3/4], die von Restaurants und Kneipen gesäumt ist. Ein Hipster-Treffpunkt sind die Gassen rund um die **Via del Pratello** [A/B4] im **Kultur-Viertel Saragozza**. Anfang des 20. Jh. befand sich hier das Rotlichtviertel der Stadt und seit den Zeiten der Studentenproteste in den 1960er-Jahren ist es eine Hochburg der Alternativszene und der Kunststudenten aus der benachbarten Fakultät für Kunst, Musik und Darstellende Kunst. Die Gelage auf den hiesigen Straßen nehmen manchmal volksfestähnliche Ausmaße an (sehr zum Leidwesen der Anwohner).

Wer die Nacht in großen **Klubs** durchtanzen will, wird außerhalb

> **EXTRATIPP**
>
> **Aperitivo**
>
> Vom Spätnachmittag bis zum frühen Abend (ca. 16–19 Uhr) kehren Bologneser scharenweise in die Bars und Café-Bars der Stadt ein, um einen **vorabendlichen Aperitivo** einzunehmen. Ein beliebter Drink ist z. B. **Spritz**, d. h. eine Mischung aus Prosecco (oder Weißwein), Soda und bitterem Likör wie Aperol oder Campari.
>
> Einen besonderen Anreiz stellen beim Aperitivo die **kostenlosen Häppchen** dar, die man zum Getränk bekommt (vorausgesetzt, man gibt mindestens fünf bis acht Euro aus). Das Angebot variiert je nach Etablissement: Bei einigen Bars bekommt man einen fertigen Teller vorgesetzt, bei anderen wiederum werden fürstliche Selbstbedienungsbüfetts aufgefahren. Es gibt u. a. belegte *crostini* (überbackenes Röstbrot) und *piadini* (Fladenbrot) über Pizzastückchen oder in Schmalz gebackene, gefüllte Teigteilchen wie *tigelle, torta fritta* oder *borlengho* bis zu kleinen Bechern mit Pasta, Reis oder Salat, Fleisch und sogar Nachtisch.

Im Quadrilatero ⓾ *wird abends gefeiert*

des Zentrums, z. B. auf der Via Stalingrado nahe der Messe Bologna Fiera, fündig. Die Klubs sind zwar weiter entfernt, werden aber von Nachtbussen bedient. **Livemusik und DJs** gibt es aber auch in kleineren Klubs im Universitätsviertel rund um die Via Zamboni. Bologna hat auch eine breitgefächerte Livemusikszene, von Jazz bis Indie ist alles vertreten.

Bars und Kneipen

○**84** [E5] **Bebi Bar**, Vicolo Ranocchi 1, Facebook, geöffnet: Mo–Do 9–24, Fr, Sa 9–1 Uhr, So 9–15 Uhr, WLAN. Diese angesagte Miniaturbar direkt neben der Osteria del Sole (s. S. 81) gehört derselben Familie und wird heute vom Neffen der Eigentümerin, Vincenzo Spoalore, geführt. Die Gäste weichen meist auf die Gasse aus, da innen einfach nie genug Platz ist.

○**85** [E4] **Bibido**, Piazza Maggiore 2, Tel. 0514121631, geöffnet: tgl. 7–1 Uhr, WLAN. Auf der Ostseite der Piazza Maggiore befindet sich die chillige Café-Bar mit Jazzmusik und Terrasse unter den Arkaden. Hier gibt es zum Cocktail leckere Sandwichhäppchen mit ausgefallenem Belag.

○**86** [E4] **Caffè Zamboni**, Via Zamboni 6, Tel. 051273102, geöffnet: Mo–Fr 7–1, Sa 8–3, So 9–3 Uhr, WLAN. Das üppige Vorspeisenbüfett in diesem einfachen Café in der Via Zamboni ist definitv auf arme Studenten ausgerichtet, die sich hier regelmässig sattessen können.

○**87** [E4] **La Linea**, Piazza Re Enzo 1/h, Tel. 0510512960134, Facebook, geöffnet: 8.30–3 Uhr, WLAN. Entspannte Café-Bar mit studentischem Flair und Kunstausstellungen. Samstags gibt es Disco und mittwochs einen spanischen Themenabend. Die sättigenden Aperitivo-Häppchen bestehen aus Sandwiches und Pizza.

Smoker's Guide

Das Rauchen ist in allen geschlossenen öffentlichen Räumen verboten und nur noch in gesonderten Raucherzimmern bzw. auf Außenterrassen erlaubt. Bei Verstößen werden **hohe Bußgelder** *erhoben.*

Bolognas Osterias – Orte der Geselligkeit für „Nachtkauer"

*Traditionell waren **Osterien** spärlich ausgestattete Gasthäuser („oste" bedeutet Gastgeber), die einfachen Leuten kleinere Gerichte, eine Auswahl an Hausweinen und oft auch Betten für die Übernachtung anboten. Hier ging es ungezwungen zu und die Geselligkeit stand im Vordergrund. In der Universitätsstadt Bologna gab es im 13. Jh. fast 150 Tavernen, die Studenten und Professoren regelmässig zu ihren Gästen zählten. Hinzu kamen Durchreisende, denn die Stadt lag an der Kreuzung vieler Reiserouten.*

Noch heute sind Osterien in Bologna Dreh- und Angelpunkt der abendlichen Geselligkeit. In der Bologneser Mundart werden Nachtschwärmer als „biasanot", („Nachtkauer") bezeichnet. Ob das nun damit zu tun hat, dass ständig etwas geknabbert wird, oder damit, dass ihr Mundwerk nie stillsteht, ist dabei nicht klar. Osterien sind jedenfalls bei allen Generationen beliebt, auch wenn das Speiseangebot je nach Lokal durchaus stark variieren kann.

*In der Emilia-Romagna befinden sich drei der ältesten Osterien Italiens. Eine davon ist die **Osteria del Sole** (s. unten) in Bolognas Altstadt. An dieser Stelle stand bereits seit 1465 eine Taverne. Das unscheinbare Äußere der Kneipe in der kleinen Seitengasse Vicolo Ranocchi im Quadrilatero könnte man tagsüber beim Vorbeigehen fast übersehen – nicht zuletzt weil gar kein Name über der Tür steht. Die Osteria ist tagsüber zur Mittagspause beliebt, weil man seinen eigenen Lunch mitbringen kann. Gegen Abend zeugen große Menschentrauben in der Gasse von der ungebrochenen Beliebtheit des Lokals.*

- **88** [F3] **Le Stanze,** Via del Borgo di San Pietro 1, Tel. 051228767, geöffnet: Mo 18-2, Di-Do 11-2, Fr, Sa 11-3, So 11-1 Uhr. In einer alten Kirche eingerichtete Bar mit Originalfresken aus dem 17. Jh. Auch das Aperitivo-Büfett ist fürstlich.
- **89** [E5] **Nu Lounge Bar,** Via de' Musei 6, Tel. 051222532, www.nuloungebar.com, Facebook, geöffnet: Mo-Do 17-2, Fr, Sa 17-3 Uhr. Der Barmann Daniele dalla Pola wurde 2011 zum World Champion der Cocktailmixer gekürt. Eine hohe Qualität der Cocktails in der polynesisch inspirierten Bar ist daher garantiert.
- **90** [E5] **Osteria del Sole,** Vicolo Ranocchi 1, Tel. 3479680171, www.osteriadelsole.it, geöffnet: Mo-Sa 10.30-21.30 Uhr. Die Osteria ist ganztags gut besucht. Hier kann man sogar sein eigenes Essen mitbringen – sofern man Getränke konsumiert. Zum Abendessen gibt es ein festes Menü, allerdings nur nach vorheriger Anmeldung.
- **91** [F5] **Ruggine,** Vicolo Alemagna 2/c, Tel. 0514125663, www.ruggine.bo.it, geöffnet: 12-15, 18-1 Uhr. Kleine, helle Kneipe im Quadrilatero mit guten Cocktails.

Livemusik und Kulturprogramm

- **92** [C4] **Altotasso,** Piazza San Francesco 6/d, Tel. 051238003, www.altotasso.com, geöffnet: So-Do 16.30-3, Fr, Sa 16.30-4 Uhr. In dieser Weinbar finden Konzerte, Lesungen, Ausstellungen und sogar Filmvorführungen statt.
- **93** Bar Wolf, Via Massarenti 118, Tel. 051342944, www.bar-wolf.it, geöffnet:

tgl. 12.30-15, 19-2 Uhr. Bereits seit 1960 fungiert diese Bar tagsüber als eine Art American Diner. Abends verwandelt sie sich in eine Musikkneipe mit Jazz, Rock und Funk. Bis spät in die Nacht werden Sandwiches und Hamburger serviert.

- 94 [F3] **Bravo Caffè,** Via Mascarella 1, Tel. 051266112, www.bravocaffe.it, geöffnet: Di-So 19-2 Uhr. In diesem schicken Jazzklub treten auch Funk-, Soul- und Rocksänger auf. Daneben bietet das empfehlenswerte angegliederte Restaurant feine Küche und gute Weine an.
- 95 [F3] **Cantina Bentivoglio,** Via Mascarella 4/b, Tel. 051265416, www.cantinabentivoglio.it, Mo-Do 8-1.30, Fr/Sa 8-2 Uhr. Die Enoteca Cantina Bentivoglio bietet ein ausgefallenes Jazzprogramm an.
- 96 [D3] **Cortile Cafè,** Via Nazario Sauro 24/A, Facebook, geöffnet: Mo-Sa 18-2 Uhr. Kleine Musikkneipe mit Auftritten von Akustikbands: von Jazz und Blues bis Liedermacher und Pop.
- 97 **Covo Club,** Viale Zagabria 1, http://covoclub.it/bo, geöffnet: Fr, Sa 22-4 Uhr. Treffpunkt der Indieszene. Hier treten international bekannte Künstler und neue Talente auf, im Sommer bietet der Covo Summer Club Open-Air-Konzerte. Er befindet sich zwar ziemlich weit ausserhalb, die Strecke wird aber von Nachtbussen bedient.
- 98 [E1] **Dynamo,** Via dell'Indipendenza 71/z, Tel. 0519900462, https://dynamo.bo.it/eventi-bologna-calendario, geöffnet: je nach Event. Unter dem Fahrradverleih der Velostazione Dynamo versteckt sich in einer alten Garage ein Raveklub, wo wechselnde DJs auflegen und Bands auftreten. Zudem finden auf dem Gelände Vintage-Märkte und Ausstellungen statt.
- 99 **Estragon,** Via Stalingrado 83, Tel. 051323490, www.estragon.it/en, geöffnet: je nach Event. Hier gibt es Konzerte von Rock bis Hip-Hop, wenn DJs auflegen ist der Eintritt meistens frei. Der Klub organisiert auch das Botanique Festival (s. S. 91), d. h. Sommerkonzerte in den Giardini di via Filippo Re, und Open-Air-Konzerte in der Arena Joe Strummer im Parco Nord.
- 100 **Oz,** Via Stalingrado 59, Tel. 3468231609, www.ozbologna.org, geöffnet: je nach Event. In diesem Kulturpark in einer Industriehalle gibt es Skate- und Bike-Parcours, es werden Trapezkurse angeboten und es finden Theaterworkshops statt. Nachts gibt es Klubnächte mit elektronischer Musik.

Nachtklubs

- 101 [F4] **Artería,** Vicolo Broglio 1/e, Tel. 0515883959, www.arteria.bo.it/blog, geöffnet: Di-So 19-3 Uhr. Vielseitiger Klub mit Bar, Restaurant und Lounge. Klubnächte mit wechselnden DJs wie Ibiza Night, 90's Bitch und R&B, aber auch Livekonzerte unterschiedlicher Musikrichtungen.
- 102 [F4] **Bentivoglio Club,** Piazza Giuseppe Verdi 2, Tel. 0516569619, www.lascuderia.bologna.it, Restaurant tägl. 9-21, Disco Do-Sa 21-1.30 Uhr. Der Studententreff schlechthin (ehemals „La Scuderia"). Hier kann man praktisch den ganzen Tag verbringen, vom morgendlichen Frühstück bis zur Klubnacht am Abend, wenn DJs auflegen.
- 103 [G8] **Chalet dei Giardini Margherita,** Viale Meliconi 1, Tel. 0519913789, www.chaletdeigiardinimargherita.it, Bar: ganzjährig 8-19, Disco: Mai-Okt. Di-Sa, 19 Uhr bis spät. Am See des Parks bietet die Restaurant-Bar im Sommer eine Freiluftdisco bis in die frühen Morgenstunden.
- 104 [E4] **Kinki Club,** Via Zamboni 1, Tel. 3387166141, geöffnet: tgl. 23.30-4 Uhr. Alteingesessener Klub in der Via

Zamboni. Schon seit 40 Jahren treten hier internationale Künstler auf, samstags legen Gast-DJs auf.

105 [F4] **Lab16,** Via Zamboni, 16/d, Tel. 05118899835, www.lab16.it, geöffnet: Mo, Di 7–1.30, Mi–Fr 7–23, Sa, So 5–3.30 Uhr. Mitten im Universitätsviertel. Nach dem Aperitivo gibt es hier thematische Klubnächte von Electronica über House und Disco bis zu Rockabilly.

106 Link, Via Francesco Fantoni 21, Tel. 0516313246, Facebook, geöffnet: 23–6 Uhr. Großer Nachtklub in einer alten Industriehalle. Klubnächte mit Gast-DJs: Techno, House, Electronica und Hip-Hop.

107 Locomotive Club, Via Sebastiano Serlio 25/2, Tel. 3480833345, www.locomotivclub.it, geöffnet: je nach Event ab 21.30 Uhr. Bekannte italienische und internationale Gast-DJs.

108 [F4] **Soda Pops Disco Bar,** Via Castel Tialto, Tel. 3491044200, Facebook, geöffnet: tgl. 22.30–4 Uhr. Hier tanzt man zu Vintage-Discoklängen, Funk und Soul.

Theater und Konzerte

Bevor Bologna im 16. Jh. dem Kirchenstaat einverleibt wurde, war Theater eine beliebte Form der Unterhaltung. Im 18. Jahrundert verlagerte sich der Schwerpunkt auf die Musik, zunächst Kirchenmusik und später Oper. Noch heute hat die UNESCO City of Music (s. S. 106) ein großes Repertoire an Musikveranstaltungen zu bieten. Zudem gibt es ein breitgefächertes Spektrum an Schauspiel, Tanz und experimentellem Theater, und zwar nicht nur in festen Häusern, sondern auch während der Sommerfestivals.

109 [F5] **Accademia Filarmonica di Bologna,** Via Guerrazzi 13, Tel. 051231454, www.accademiafilarmonica.it, Eintritt: Konzerte 18–28 €; geführte Touren 5 € (im Voraus per Telefon buchbar). Alteingesessenes Konservatorium mit regelmäßigen Kammermusikkonzerten.

110 [E3] **Arena del Sole,** Via dell'Indipendenza 44, Tel. 0512910910, www.arenadelsole.it. Vielseitiger Veranstaltungsort mit einem Programm, das Modernen Tanz, Schauspiel und Konzerte umfasst.

111 Arena Puccini, Via Sebastiano Serlio 25/2, Tel. 3404854509, www.cinetecadibologna.it. In der Arena auf der Nordseite des Bahnhofs findet im Rahmen des Cinema Ritrovato (s. S. 91) Open-Air-Kino statt, ansonsten gibt es Konzerte und Theaterevents.

112 [D3] **Auditorium Manzoni,** Via de' Monari 1/2, Tel. 0516569672, www.auditoriummanzoni.it, Kartenvorverkauf Di–Sa 15–18.30 oder online, im August geschlossen. In diesem Art-déco-Gebäude befand sich 1933 ein Kino. Heute finden hier Konzerte von Klassik bis Jazz statt, u. a. im Rahmen von Musica Insieme (s. S. 92) und des Bologna Festivals (s. S. 90).

113 Teatri di Vita, Parco dei Pini, Via Emilia Ponente 485, Tel. 051566330, www.teatridivita.it. In diesem avantgardistischen Kulturzentrum werden Theater und zeitgenössischer Tanz, Konzerte und Kino geboten.

22 [F4] **Teatro Comunale.** Die renommierte historische Oper der Stadt zeigt eine Auswahl an Werken bekannter Komponisten, aber auch modernen Tanz.

114 [F6] **Teatro Duse,** Via Cartoleria 42, Tel. 051231836, www.teatrodusebologna.it, Kartenvorverkauf: Di–Sa 15–19 Uhr. 1878 besuchten König Umberto I. und seine Frau Margherita hier eine Vorstellung der Schauspielerin Sarah Bernhardt. Heute zeigt das Haus ein breites Programmspektrum von Schauspiel, Kammerspiel über Musicals, Comedy bis zu Oper.

Bologna für Kauflustige

Die **Via dell'Indipendenza** [D4-E2], Haupteinkaufsstraße von Bologna, führt vom Bahnhof im Norden bis zur Piazza Maggiore und wird von größeren und kleineren Kleidergeschäften gesäumt. Ihre Fortsetzung im Süden des Platzes ist die **Via d'Azeglio** [D5-6] mit exklusiven Boutiquen. Wo sie auf die **Via Farini** trifft, ist es nicht mehr weit zur eleganten **Galleria Cavour**, in der man Haute Couture erstehen kann.

Kaufhäuser und den **Mercato delle Erbe** (s. S. 78) findet man auf der **Via Ugo Bassi** [D4] im Osten der Piazza Maggiore. Die **Via Rizzoli** führt zur wuseligen **Piazza della Mercanzia** [E4]. Hier und in den Gassen rund um die **Due Torri** ⓴ findet man Design- und Kunsthandwerksläden sowie ausgefallene kleinere Geschäfte.

Wer auf der Suche nach kulinarischen Mitbringseln ist, muss sich ins **Quadrilatero** ❿ bzw. genauer die **Via Pescherie Vecchie** [E5] und die **Via Clavature** [E5] begeben. Hier gibt es Nudeln, Schinken, *dolci* und vieles mehr aus der Region. Frischwaren gibt es auch im Mercato delle Erbe. Zudem finden verschiedene Märkte statt, auf denen Antiquitäten, Vintage-Artikel und Kunsthandwerk verkauft werden (s. S. 86).

Mode

🛍**115** [F5] **Balevin Bologna**, Via Farini 35/b, Tel. 3924038293, www.balevin.com, geöffnet: Mo-Fr 10-13, 17-19, Sa 16-19 Uhr. Hier findet man preiswerte Secondhand-Stücke vieler italienischer und internationaler Designer.

🛍**116** [D5] **Boggi**, Via Massimo d'Azeglio 18, Tel. 051236286, www.boggi.com, geöffnet: Mo-Do, So 10-13, 15.30-19.30, Fr, Sa 10-19.30 Uhr. Elegante italienische Männermode aus Mailand.

🛍**117** [D5] **Doria 1905**, Via IV Novembre 14/b, Tel. 0510475092, www.doria1905.com, geöffnet: Mo-Sa 9.15-13, 15.30-19.30 Uhr. Hüte, Mützen und Kappen für jede Gelegenheit.

🛍**118** [E5] **Galleria Cavour Bologna**, Via Farini, Tel. 051222621, www.galleriacavourbologna.com. In der schicken Einkaufspassage findet man edle Boutiquen mit Marken wie Fendi, Gucci, Vuitton, Miu Miu, Tiffany, etc.

🛍**119** [E5] **Hidden Forest Market**, Via Marchesana 12/a, Tel. 0510335158, www.hiddenforestmarket.com, geöffnet: Mo-So 10-20 Uhr. Legere Teenagermode und Accessoires.

🛍**120** [D4] **Le Cose di Roberta Trentini**, Via Ugo Bassi 3/d, Tel. 051238489, www.robertatrentini.it. Fantasievolle, trendige Freizeitmode verschiedener Designer.

🛍**121** [E5] **Liviana Conti**, Via de' Toschi 2/b, Tel. 051271774, www.livianaconti.com, geöffnet: Mo-Do 10-14, 15-19.30, Fr, Sa 10-19.30 Uhr. Zeitgenössische italienische Mode für Frauen.

🛍**122** [E4] **Luisa Spagnoli**, Via Rizzoli 5/a, Tel. 051267083, www.luisaspagnoli.it, geöffnet: Mo-So 10-19.30 Uhr. Modisch Elegantes für Frauen.

🛍**123** [E4] **Mantellassi Calzature**, Via dell'Indipendenza 13 c/e, Tel. 051223996, www.mantellassicalzature.it, geöffnet: tgl. 9.30-13.30, 15.30-19.30 Uhr. Ausgefallene Schuhe für modebewusste Frauen und Männer.

🛍**124** [F5] **Mari Carraro**, Via Farini 32c/d, Tel. 051239699, http://maricarraro.it,

> ### Shoppingareale
> Die wichtigsten Shoppingbereiche der Stadt sind im Kartenmaterial mit einer rötlichen Fläche markiert.

Bologna für Kauflustige

geöffnet: Mo-Sa 10-13.30, 16-19.30 Uhr. Ausgesuchte Stücke und Accessoires im Ethnolook von verschiedenen Designern.

🛍️125 [E4] **Max e Giò,** Via dell'Inferno 22A, Tel. 051263856, http://lacalzoleriadimaxegio.com, geöffnet: Mo-Sa 10-19 Uhr. Maßgeschneiderte, handgefertigte italienische Schuhe aus feinstem Leder für Männer.

🛍️126 [E5] **Napapijri Bologna,** Piazza della Mercanzia 2, Tel. 0516569511, www.napapijri.com, geöffnet: Mo-Sa 10-19.30, So 10-13, 15.30-19.30 Uhr. Die stylische Outdoor-Kleidung in norwegischem Design ist auch in Italien beliebt.

🛍️127 [E4] **Other Stories,** Via Rizzoli, 18, Tel. 0632832204, www.stories.com, geöffnet: Mo-Sa 10-19.30, So 12-19 Uhr. Trendige Frauenmode des amerikanisch-schwedischen Modehauses.

🛍️128 [E5] **Pinko Bologna,** Piazza Minghetti 3/f, www.pinko.com/en-gb, geöffnet: Mo-Sa 9.30-13, 15.30-19.30 Uhr. Trendige italienische Mode und Accessoires für Männer, Frauen und Kinder.

🛍️129 **Stock Shop,** Piazza Mickiewicz 2, Tel. 051513061, www.stockshopuomo.com, geöffnet: Mo-Sa 9-13, 16-20 Uhr. Freizeitkleidung für Männer ausschließlich von italienischen Designern.

Kosmetik

🛍️130 [D5] **Antica Profumeria Al Sacro Cuore,** Via de' Fusari 6/c, Tel. 051235211, www.sacrocuoreprofumi.it, geöffnet: Mo-Mi, Fr/Sa 9.30-13, 15.30-19.30, Do 9.30-13, 16-20 Uhr. Die elegante Parfümerie in historischen Räumlichkeiten verkauft auch eigene Kosmetika.

🛍️131 [E5] **Profumerie Limoni,** Via Drapperie 10, Tel. 051224882, geöffnet: Mo-Sa 9-19.30, So 10-13, 15-19 Uhr. Die nationale Kette hat mehrere Filialen in der Stadt, hier findet man alle Kosmetikartikel.

Design

🛍️132 [E4] **Kartell Design Shop,** Via Altabella, Tel. 0512961022, www.kartell.com/it, So, Mo 15.30-19.30, Di, Mi, Fr, Sa 9.30-19.30, Do 9.30-13.30 Uhr. Filiale des von Giulio Castelli gegründeten Milaner Designhauses, das seit 1949 zukunftsweisende Designprodukte wie Möbel, Einrichtungsgegenstände und Autozubehör aus Kunststoff herstellt.

Im Kartell Design Shop findet man ausgefallene Design-Artikel

🔒**133** [E4] **Martino Design,** Via Canonica 1, Tel. 0514848202, www.martinodesign.it. Hier gibt es originelle Einrichtungsgegenstände und Accessoires der Designerin Chiara Melandri, die größtenteils aus recycelten Materialien vestehen.

Italienische Spezialitäten

🔒**134** [E5] **Ceccarelli Amedeo,** Via Pescherie Vecchie 8, Tel. 051231529, http://ceccarelliamedeo.it, geöffnet: Mo–Sa 7–19.30, So 9–19 Uhr. Dieser Feinkostladen diente jüngst in einem Musikvideo der österreichischen Gruppe Wanda als Hintergrundkulisse und wurde berühmt. Die Band besingt dort ihre „Tante Ceccarelli", die angeblich einmal in Bologna „Amore machte".

🔒**135** [E5] **Paolo Atti & Figli,** Via Caprarie 7, Tel. 051233349, http://paoloatti.com. Seit 100 Jahren werden hier schon Tortellini produziert. Der Laden ist *die* Anlaufstelle für Nudeln und andere Spezialitäten, die auch besonders schön verpackt werden.

🔒**136** [E5] **Venchi Chocolate,** Via degli Orefici 23, Tel. 051223332, www.venchi.com, geöffnet: Sommer tägl. 13–24, Winter tägl. 9–20 Uhr. Hier gibt es Schokoladenspezialitäten zum Selbstessen oder als Mitbringsel.

Märkte

🔒**137** [E1] **Fiera del Libro,** Piazza XX Settembre, www.fieradellibrobologna.it, geöffnet: Mitte März–Ende Mai, 12. Okt.–25. Nov. 9–19.30 Uhr. Antiquarischer Büchermarkt (auch englisch- und deutschsprachige Bücher).

🔒**138** [E3] **La Piazzola di Bologna,** Piazza Dell Otto Agosto 18, in der Bar Otto Agosto, www.lapiazzoladibologna.it, ganzjährig Fr und Sa 9–15 Uhr. Haushaltsgegenstände, Technik und Kleidung.

🔒**139** [F5] **Mercato Antiquario Città di Bologna,** Via San Stefano 24, am zweiten Wochenende des Monats (außer Juli/Aug.), Winter 8.30–18, Sommer bis 19 Uhr. Antiquitätenmarkt nahe der Klosteranlage Santo Stefano.

043bo-nh

Bologna für Kauflustige

🔴**140** [E3] **Mercato Artigianale – DecoMela Art,** Via San Giuseppe, www.bolognawelcome.com (Suche nach „DecoMela Art"), zweimal im Monat Fr–So 9.30–19.30 Uhr. Kunsthandwerksmarkt.

🔴**141** [C2] **Mercato della Terra,** Piazzetta Pasolini (nahe Cineteca di Bologna), www.mercatidellaterra.com/pagine/eng/pagina.lasso?-id_pg=4, Sa 9–14 Uhr. Slow-Food- und Bauernmarkt.

Musik und Bücher

🔴**143** [B5] **180 Grammi vinyl-shop,** Via Frassinago 4, 03493327390, Facebook, Mo–Sa 10–13, 15–20 Uhr. Wie der Name schon sagt, werden hier vor allem die wieder modern gewordenen Vinyl-LPs vekauft.

🔴**144** [D3] **Disco d'oro,** Via Galliera 23, Tel. 051260907, www.discodoro.it, geöffnet: Mo–Sa 10–19.30 Uhr. Alteingesessener Plattenladen mit wahren Raritäten aus unterschiedlichsten Musikrichtungen.

🔴**145** [E4] **La Feltrinelli Librerie,** Piazza di Porta Ravegnana 1, Tel. 199151173, ww.lafeltrinelli.it, geöffnet: Mo–Sa 9–20, So 10–13.30, 15.30–20 Uhr. Große Filiale einer Buchladenkette mit einer Auswahl an fremdsprachigen Büchern und Magazinen. Mehrere Filialen.

Spielsachen

🔴**146** [F5] **Città del Sole,** Strada Maggiore 17, Tel. 051266432, www.cittadelsole.it, geöffnet: Mo 15–19.30, Di–Sa 10–19.30 Uhr. Farbenfrohe und fantasiereiche Spielsachen für Kinder aller Altersgruppen.

◁ *Auf dem Markt La Piazzola di Bologna findet man preiswerte Kleidung und Gebrauchsartikel*

EXTRATIPP

Fico Eataly World

Dieser in seiner Art bisher einzigartige „Gastro-Vergnügungspark" eröffnete November 2017 auf einem Areal von 80.000 m² und ist Teil der Kette Eataly. Besuchern soll hier die Vielfalt der italienischen Nahrungsmittelproduktion „vom Feld bis zum Teller" nahegebracht werden. Mittels Musterfarmen erhält man Einblick in die Produktion und Verarbeitung italienischer Spezialitäten, kann Workshops besuchen und in einer Großmarkthalle auch Produkte kaufen. Das Ganze ähnelt einem Themenpark, angelegt im Stil einer amerikanischen Mall mit künstlichen Gartenflächen und 25 Restaurants, die heimische Küche anbieten. Sechs Millionen Besucher will die Anlage jährlich anziehen.

🔴**201 Fico Eatalyworld Srl,** Via Paolo Canali 1, 40127 Bologna, www.eatalyworld.it/en, Öffnungszeiten siehe Website

Shop 'n' Stop

Im Quadrilatero hat sich eine Filiale der Buchhandelskette **Librerie Coop** mit der Gastronomiekette **Eataly** zusammengetan: Außer Buchregalen findet man hier im ersten Stock nun auch italienische Delikatessen und eine beliebte Osteria. Auch bei Events kooperiert man: Lesungen werden mit Kochshows und Workshops gepaart. Wer sich nach einem Bummel im Quadrilatero ausruhen möchte, kann hier bei einem Kaffee die Feinkostmitbringsel für daheim aussuchen: von Müsli über Pasta- und Reissorten bis zu Schokolade und anderen Spezialitäten aus verschiedenen Regionen Italiens.

🔴**142** [E5] **Librerie Coop Ambasciatori,** Via degli Orefici 19, Tel. 051220131, www.librerie.coop.it, geöffnet: Mo–Do 9–23.15, Fr/Sa 9–24, So 10–23.15 Uhr, WLAN. Kette mit weiteren Filialen, u. a. beim Archiginnasio.

Bologna zum Träumen und Entspannen

Der unmittelbare mittelalterliche Stadtkern von Bologna weist nur wenige Grünflächen auf. Schatten spenden hier im Sommer vor allem die Arkaden, aber auch die Bäume und Anlagen rund um die Klosteranlagen. So kann man sich z. B. rund um die Basilica di San Domenico ㉕ *unter großen Bäumen ausruhen.*

Größere Parks findet man in der Nähe der Ringstraße, z. B. den **Parco della Montagnola** [E2] und den **Orto Botanico ed Erbario** (Botanischer Garten) im Norden oder den **Parco del Cavaticcio** und den **Parco 11 Settembre 2001** im Westen. Die größte städtische Parkanlage Bolognas sind die **Giardini Margherita** ㉗ am südöstlichen Stadtrand.

Im Süden grenzt die Stadt direkt an das **Apennin-Gebirge** mit weit ausufernden grünen Hügeln, die zu ausgiebigen Wanderungen und zur Entspannung mit toller Aussicht einladen. In den Apennin-Hügeln, **Colli Bolognesi** genannt, befinden sich z. B. die Kirchen **San Michele in Bosco** ㉘ und **San Luca** ㉙, beliebte Ausflugsziele für Wanderer, die der Stadtluft entfliehen möchten.

Besonders atmosphärisch ist der Monumentalfriedhof **Certosa** ㉚ im Südwesten der Stadt. Das Gelände ähnelt einer großen Parkanlage, in der man gut und gerne mehrere Stunden verbringen kann. Besonders sehenswert ist die historische Nekropole. Der Friedhof entstand 1801 auf dem Gelände eines ehemaligen Karthäuserklosters, das 1796 aufgelöst wurde.

Der **Canale di Reno** wurde bereits ab dem 12. Jh. durch eine große Schleuse bei Casalecchio gespeist. Innerhalb des Stadtkerns verläuft der Kanal heute unterirdisch unter der Via Riva di Reno, tritt aber südlich vom Certosa-Friedhof wieder an die Oberfläche. Dort beginnt ein schöner, 5,5 km langer Spazier- und Fahrradweg entlang des Kanals, der stadtauswärts bis zur Schleuse von **Casalecchio** führt. Das im Jahr 1567 neu aus Stein erbaute, eindrucksvolle Wehr kann man besichtigen. Dabei passiert

⌃ Im Parco della Montagnola [E2] finden im Sommer Events statt

Bologna zum Träumen und Entspannen

man weitere historische Wehranlagen, mit deren Hilfe man den Fluss damals in die Stadt umleitete. Der Pfad endet im **Parco della Chiusa** bei der Schleuse, wo man sich am Wasser entspannen und ausruhen kann. Im Hintergrund erhebt sich der Guardiahügel mit der Basilica di San Luca ㉙. Ende des 19. Jh. war Casalecchio ein beliebter Ausflugsort, zu dem sogar eine Dampfeisenbahn fuhr.

Ein weiterer schöner, 6 km langer Rad- und Wanderweg führt vom **Parco di Villa Angeletti**, im Stadtteil Bolognina entlang des **Canale Navile** nach Norden. Der Kanal floss 40 km nördlich wieder in den Reno, der wiederum in den Po mündete und die Stadt damals mit Adriahäfen wie Venedig verband. Der Kanal wurde noch bis zum Ende des Zweiten Weltkriegs genutzt und auch hier passiert man viele Schleusen und alte Mühlen, die durch Wasserkraft gespeist wurden. Eine Pause kann man beim interessanten **Museo del Patrimonio Industriale** (s. S. 69) in der alten Ziegelei Galotti einlegen.

Unter www.comune.bologna.it/ambiente/servizi/6:3241/3453 sind alle Parks und Grünflächen der Stadt aufgelistet.

- **147** [G3] **Orto Botanico ed Erbario**, Via Irnerio 42, Tel. 0512091325, www.sma.unibo.it/it/il-sistema-museale/orto-botanico-ed-erbario, April–Okt. Mo–Fr 8.30–15.30, Sa 8.30–13 Uhr, Eintritt frei
- **148 Parco della Chiusa**, Via dei Mille 9, 40033 Casalecchio di Reno, Tel. 051598273, www.parcodellachiusa.it

> *Das Kulturzentrum Serre dei Giardini Margherita (s. S. 40) ist an lauen Sommerabenden ein beliebter Anlaufpunkt zum Relaxen*

- **149 Parco di Villa Angeletti**, Via de' Carracci 65, 40131 Bologna, Facebook
> Fahrradtouren: www.bolognawelcome.com/en/home/discover/itineraries/cycling

EXTRATIPP: Sonntagsbrunch und Parkbesuch

Das Bistro **Exforno** im MAMbo ❾ hat eine relaxte Atmosphäre und bietet Sonntagsbrunch an. An einem Regentag könnte man den Caféaufenthalt mit einem Museumsbesuch oder auch mit einem Besuch im **Cinema Lumière** (s. S. 27) der Cineteca di Bologna verbinden. An schönen Tagen lädt der gleich um die Ecke liegende **Parco del Cavaticcio** [C2] zu einem Spaziergang oder geruhsamen Aufenthalt auf der Parkbank ein. Im Sommer finden in dem Park Konzerte und Events statt.

> **Exforno**, im MAMbo ❾, Tel. 0516493896, www.exforno.com, Di–Fr 7–2, Sa, So 10–2 Uhr, Sonntagsbrunch 12.30–15 Uhr

Zur richtigen Zeit am richtigen Ort

Das ganze Jahr über finden in Bologna Festivals und Events statt. Aktuelle Veranstaltungshinweise findet man auf der Website der Stadt (www.bolognawelcome.com), aber auch in der Tageszeitung Bologna Today (www.bolognatoday.it/eventi).

Januar

› **AngelicA – Festival Internazionale di Musica** (www.aaa-angelica.com/aaa). Vom Institut für Musikforschung organisiertes Festival, bei dem nicht-konventionelle, spartenübergreifende Musik im Vordergrund steht (Jan.–März, im Museo internazionale e biblioteca della musica di Bologna ⑱).
› **ArteFiera** (www.artefiera.it). Ende Januar wird die Messe zum Schauplatz eines Kulturfestivals mit Ausstellungen zur zeitgenössischen Kunst und Fotografie, Events und Performances. Während der ArtCityWhiteNight bleiben alle Galerien der Stadt bis Mitternacht geöffnet.

Februar bis April

› **Bologna Festival** (www.bolognafestival.it/home.asp). Internationales Klassikfestival mit bekannten Interpreten, jungen Talenten und Komponisten (Febr.–Mai in der Chiesa di Santa Maria dei Servi ⑯).
› **Bologna Carnevale.** Der Bologneser Karneval mit seinen bunten Umzügen ist dem deutschen Karneval nicht unähnlich.
› **Fiera del Libro per Ragazzi** (www.bookfair.bolognafiere.it/en/home/878.html). Die größte Kinderbuchmesse der Welt auf dem Messegelände der Bologna Fiera findet Ende März statt.

☐ *Beim Cinema Ritrovato wird die Piazza Maggiore im Sommer zum Freiluftkino*

Mai

> Ravenna Festival (www.ravennafestival.org). Beim Sommerfestival der Stadt finden von Mai bis Juli Konzerte, Theater und andere Events statt.
> Palio di Ferrara (www.ferrara terraeacqua.it/en/ferrara/events, s. S. 52)

Juni bis August

> BEST – la cultura si fa spazio (http://agenda.comune.bologna.it/cultura/bolognaestate). Der Kultursommer der Stadt mit Open-Air-Veranstaltungen auf Plätzen und in Parks sowie Theater und Konzerten dauert von Juni bis September.
> Botanique Festival (www.botanique.it). Vom Estragon Club (s. S. 82) organisiertes Rockfestival in den Giardini di via Filippo Re.
> Ferrara sotto le stelle (www.ferrara sottolestelle.it). Das Sommerfestival „Ferrarra unter den Sternen" dauert von Ende Juni bis Anfang August und bietet Theater-, Musik- und Kunstveranstaltungen.
> Il Cinema Ritrovato. Ende Juni bis Anfang Juli findet das Filmfestival der Cineteca (s. S. 27) statt, z. B. mit Open-Air-Kino auf der Piazza Maggiore und in der Arena Puccini.
> Mascarella in Sfoglia (www.cantina bentivoglio.it/ita/salotto_del_jazz.html). Im Rahmen des Sommerprogramms der Cantina Bentivoglio (s. S. 82) findet das Pasta-Festival statt, bei dem man live die Herstellung von Nudelwaren beobachten kann.
> Montagnola Music (www.montagno labologna.it/eventi/estate). Während dieses Festivals finden Jazzkonzerte im Parco della Montagnola statt.
> Mosaico di Notte (www.turismo.ra.it). Von Juli bis September kann man die berühmten Mosaiken auch bei Nacht bewundern, wenn die Touristenströme abgeebbt sind.
> Ferrara Buskers Festival (www.ferrarabuskers.com/en). Neuntägiges internationales Straßenmusik- und Street Art Festival Ende August in Ferrara.

September

> Bologna Design Week (www.bolognadesignweek.com). Bolognas blühende Designszene wartet mit zahlreichen Ausstellungen, Events und Performances in Galerien und Designbüros auf.
> Bologna Festival (s. S. 90). Die Herbstausgabe des klassischen Musikfestivals dauert von September bis November.

Seit 1958 begeistert das Bologna Jazz Festival (s. S. 92) die Musikfans

Feiertage

Capodanno (Neujahr): 1. Januar
Epifania (Heilige Drei Könige): 6. Januar
Pasqua (Ostermontag)
Liberazione (Tag der Befreiung vom Faschismus): 25. April
Festa del Lavoro (Tag der Arbeit): 1. Mai
Festa della Repubblica (Tag der Republik): 2. Juni
Pfingsonntag: 4. Juni
Ferragosta (Mariä Himmelfahrt): 15. August
San Petronio (Lokalfeiertag in Bologna): 4. Oktober
Ognissanti (Allerheiligen): 1. November
Immacolata Concezione (Mariä Empfängnis): 8. Dezember
Natale (Weihnachten): 25./26. Dezember

- **La Strada Del Jazz** (www.lastradadeljazz.it). Jazzfestival Mitte September in der Via degli Orefici und im Quadrilatero.
- **Musica Insieme** (https://musicainsiemebologna.it/en). Die Stiftung organisiert von Ende September bis Mai eine Serie mit klassischen Konzerten instrumentaler Musik von Solo-Interpreten und Ensembles im Auditorium Manzoni (s. S. 83).

Oktober

- **Gender Bender Festival** (www.genderbender.it/en). Vom Cassero LGBT Center (s. S. 120) organisiertes LGBT-Festival mit Events von Konzerten bis Kino und Theater (Ende Okt.–Anfang Nov.)
- **roBOt Festival** (www.robotfestival.it). Avantgarde-Festival für digitale Kunst und elektronische Musik.
- **San Petronio.** An dem Feiertag zu Ehren des Stadtheiligen gibt es ein Fest auf der Piazza Maggiore und ein Feuerwerk.

November

- **BilBOlbul Festival** (www.bilbolbul.net). Innovative Messe rund um Comics mit Events, Workshops und Performances von internationalen Comic-Künstlern.
- **Bologna Jazz Festival** (www.bolognajazzfestival.com). Während des renommierten Festivals treten internationale Interpreten an verschiedenen Orten auf.

Dezember

- **Capodanno.** Neujahrsfeier auf der Piazza Maggiore.
- **Fiera di Natale.** Weihnachtsmarkt im Hof der Cattedrale Metropolitana di San Pietro ❻ (Ende Nov.–6. Jan.)

BOLOGNA VERSTEHEN

Das Antlitz der Stadt

„Bologna ist zu 50 % ein charmantes Dorf und zu 50 % eine Großstadt wie Chicago." (Umberto Eco)

Bologna ist die siebtgrößte Stadt Italiens und die Hauptstadt der norditalienischen Region Emilia-Romagna, die sich von den bergigen Gegenden des Appenin bis hin zur flachen Po-Ebene und der touristischen Adriaküste erstreckt. Der Stadtbereich von Bologna hat ca. 388.000 Einwohner, in der weiteren Metropolregion leben jedoch über eine Million Menschen und die Tendenz ist steigend. Der fast vollständig erhaltene Altstadtkern gehört seit 2006 zum UNESCO-Weltkulturerbe. Trotz des reichen historischen Erbes ist Bologna eine moderne und aufstrebende Stadt, wohlhabend und ein wichtiger Arbeitgeber.

◁ *Vorseite: Luigi Galvani (s. S. 29) machte seine Entdeckungen zur Elektrophysiologie in Bologna*

▽ *Bologna wird auch „La Rossa" („die Rote") genannt*

Im Süden Bolognas beginnen ganz abrupt die **Colli Bolognesi**, die grünen Hänge der ersten Ausläufer des Apennin. Hier befinden sich Naherholungsgebiete wie etwa der Park um die Basilica di San Luca ㉙ auf 300 m Höhe, obwohl im Stadtgebiet selbst nur eine Höhe von 29 bis 54 m ü.d.M. erreicht wird.

Nach Norden blickt Bologna auf die flache **Po-Ebene**, die zwei Nationalparks und zahlreiche kleinere Naturschutzgebiete umfasst. Hier bildet das Flussdelta des Po zur Adria hin Seen und Lagunen wie die Valli di Comacchio, wo u. a. Aale gezüchtet werden. Die Ebene gehört zu den fruchtbarsten Regionen des Landes und bestimmt von jeher das Leben der Menschen, die hier leben. Sie gilt als Kornkammer Italiens, denn hier werden Reis und Getreide ebenso angebaut wie Gemüse und Obst. Außerdem ist die Gegend ein Zentrum der Schweinezucht. Von hier stammen die Zutaten für die weltweit geschätzten Bologneser Spezialitäten wie Tortellini und Mortadella.

Der größte **Fluss** in Stadtnähe ist der **Reno** im Westen, der bereits ab

Von den Anfängen bis zur Gegenwart

dem 12. Jahrhundert über den Canale di Reno in die Stadt umgeleitet wurde und Bologna mit dem Po und der Adriaküste verband. Schiffbare Wasserwege gab es allerdings schon unter den Römern. Im Süden fließt der kleine natürliche Strom **Aposa** aus dem Appenin in die Stadt und im Südosten verläuft der Fluss **Savena** außerhalb der Stadtgrenzen. Auch diese beiden Wasserwege wurden per Kanäle in die Stadt geleitet und schufen eine Art „kleines Venedig" und begründeten den Reichtum der Stadt. Mit Wasserkraft wurden zahlreiche Mühlen und Seidenspinnereien betrieben (s. S. 24). Zudem bestand auch ein lukrativer Salzhandel mit dem „großen" Venedig. Gegen Ende des 18. Jahrhunderts verloren die Kanäle ihre Bedeutung und 1964 ging man daran, die Wasserwege mit Straßen zu überbauen, und sie verlaufen heute unterirdisch.

Nachdem die alte Stadtmauer aus dem 14. Jh. zwischen 1902 und 1906 abgerissen wurde, um die Stadt zu erweitern, entstand an ihrer Stelle die heutige Ringstraße. Außerhalb der Ringstraße breitet sich das **moderne Bologna** aus. Von den einst zwölf Stadttoren der alten Mauer sind noch wenige erhalten, so z. B. die Porta Galliera und die Porta Saragozza. Eine weitere Stadtumgehung bildet die Autobahn A14 im Norden.

Die Stadt ist in **sechs Verwaltungsbezirke** aufgeteilt, von denen sich die meisten nach Westen, Norden und Osten, inzwischen sogar außerhalb der A14, ausdehnen. Hier gibt es viele ehrgeizige Stadterweiterungsprojekte mit Planstädten für mehrere Tausend Menschen wie Navile Market im Stadtteil Navile. Dies ist gleichzeitig auch der Stadtteil, wo die meisten Einwanderer leben.

> **KURZ & KNAPP**
> **Die Stadt in Zahlen**
> ❯ Gegründet: 800 v. Chr.
> ❯ Einwohner: ca. 388.000
> ❯ Einwohner/km²: 198
> ❯ Fläche: 140,86 km²
> ❯ Höhe ü. M.: 29–300 ü.d.M.
> ❯ Besonderheit: über 40 km mittelalterliche Arkadengänge

Von den Anfängen bis zur Gegenwart

Bologna blickt auf eine beständige und erfolgreiche Geschichte zurück. Der mittelalterliche Stadtkern mit grandiosen Adelspalästen zeugt noch heute davon, dass die Stadt auch in der Vergangenheit zu den wohlhabenden Metropolen gehörte.

Bereits in der Antike befand sich hier ein wichtiges Handels- und Herrscherzentrum. Aus der etruskischen Hauptstadt Felsina wurde die römische Metropole Bononia an der Handelsstraße Via Emilia. Im Mittelalter sorgten zunächst die Universität und dann der Seidenhandel für stetiges Wachstum und Wohlstand. Auch unter der Herrschaft des **Kirchenstaats** vom 16. bis zum 19. Jh. blieb Bologna eine reiche Stadt, in der die Bausubstanz gepflegt wurde. Die Hinterlassenschaft des Kirchenstaats sind unzählige Kirchen und Klöster sowie ein großer Reichtum an Kunstwerken, der in den Kirchen und Museen der Stadt zu besichtigen ist. Im 19. Jh. wurde Bologna zu einer Hochburg der Freiheitsbewegung des **Risorgimento**, im Zweiten Weltkrieg dann der Widerstandsbewegung der Partisanen. Von 1946 bis 1999 wurde Bologna von kommunistischen Bürgermeistern regiert.

Das etruskische Felsina

Im etruskischen Reich war Felsina eine bedeutende Hauptstadt. Für die Felsineer war der Hafen von Spina (bei Comacchio) vom 6. bis 3. Jh. v. Chr. eine wichtige Handelsverbindung mit Griechenland. Von dort aus konnte man auf den Flüssen Reno und Po bis weit ins Landesinnere reisen. In Spina fanden Archäologen große Mengen attischer, d. h. aus der Region Attika bei Athen stammender Töpferwaren. Man nimmt an, dass die Etrusker griechische Vorfahren hatten oder zumindest enge Beziehungen mit der Seefahrernation pflegten und dass ihre Kulturen einander ähnelten.

Innerhalb der Stadtgrenzen Bolognas fand man Überreste etruskischer Besiedelung, z. B. auf dem Gelände der Giardini Margherita ㉗ und des Certosa-Friedhofs ㉚. Wer sich für die frühzeitlichen Kulturen interessiert, findet Fundstücke und Informationen aus Villanova, Felsina und Spina in den archäologischen Museen von Bologna ⑫ und Ferrara ㉝.

Stadtgeschichte in Zahlen

ca. 800 v. Chr.: Zur Zeit der Villanova-Kultur (den Vorfahren der Etrusker) werden die ersten Siedlungen auf dem Stadtgebiet Bolognas errichtet.

6. Jh. v. Chr.: Das etruskische Felsina wird Teil eines Zusammenschlusses von zwölf Städten nach dem Vorbild des Ionischen Bundes.

4. Jh. v. Chr.: Keltische Gallier (Boier) verdrängen die Etrusker nach Süden und verbünden sich mit dem Karthager Hannibal gegen die Römer.

218 v. Chr.: Im Zweiten Punischen Krieg besiegen die Römer Karthago und nehmen ganz Oberitalien in Besitz.

187 v. Chr.: Die Römer bauen die Via Emilia und legen den Hafen von Ariminum (Rimini) an.

189 v. Chr. Das römische Bononia liegt an den wichtigsten Verbindungsachsen des Reiches, die von Piacenza im Norden bis nach Rom im Süden führen. Bononia wird zu einer bedeutenden Metropole mit ca. 20.000 Einwohnern.

391 n. Chr.: Das Christentum wird zur Staatsreligion.

402: Mailand wird von den Goten bedroht und Kaiser Honorius verlegt die Hauptstadt des römischen Westreichs nach Ravenna, das über die Via Emilia direkt mit Bononia verbunden ist.

430–450: Der heutige Schutzheilige Bolognas, San Petronio, wird Bischof und die Stadt gelangt zu neuer Blüte.

493: Der Ostgotenkönig Theoderich der Große ermordet den Germanen Odoaker und übernimmt die Macht über das Weströmische Reich. Ravenna erlebt eine Blütezeit.

540: Kaiser Justinians Armee erobert Ravenna und es wird zum Exarchat des byzantinischen Hofs. Die Byzantiner vernichten viele Figuren-Darstellungen in den Mosaiken der germanischen Arianer.

728: Die Langobarden, die bereits seit dem 6. Jh. weite Regionen Norditaliens beherrschen, erobern unter König Liutprand Bologna. Unter ihm wird die Stadt erweitert.

756: Pippin III. wird 751 zum König der Franken (Karolinger). Er übereignet die Gebiete, die er von den Langobarden zurückerobert hat, dem Papst. Aus dieser „Pippinischen Schenkung" geht später der Kirchenstaat hervor. Die jeweiligen Päpste regieren bis 1870 weite Gebiete Italiens wie ein Königreich. Das letzte Überbleibsel des Kirchenstaats ist bis heute der Vatikan.

1088: Die Alma Mater Studiorum wird von Studenten für Studenten gegründet und gilt als älteste Universität Westeuropas. Als erste Fakultät ruft der Rechtsgelehrte Irnerio (Wernerius) die Glossatorenschule (s. S. 23) ins Leben.

1109–1119: Der Torre Asinelli wird gebaut.

1208: Die Stadt erweitert das Kanalsystem: Das Wasser der benachbarten Flüsse wird in die Stadt geleitet und mündet in den Canale Navile, der von Corticella bis Maralbergo schiffbar wird.

1256: Bologna schafft die Leibeigenschaft und die Sklaverei ab. Es leben ca. 60.000 Menschen in der Stadt.

1249: Die papsttreuen Guelfen Bolognas besiegen die Ghibellinen-Armee des römisch-deutschen Stauferkaisers Friedrich II. und nehmen seinen Sohn Enzo gefangen. Im Palazzo Re Enzo wird er bis zu seinem Tod im Jahr 1272 festgehalten.

1308–1320: Dante Alighieri verfasst die „Göttliche Komödie" in volksprachlichem Italienisch. Der aus Florenz verbannte Dichter stirbt 1321 in Ravenna.

1327–1390: Die dritte und letzte Stadtmauer Bolognas wird mit Selenitstein aus dem Apennin gebaut. Sie ist 7,6 km lang und hat 12 Stadttore.

1341: Bolognino di Barghesano aus Lucca erfindet eine Seidenhaspel- und Zwirnmaschine, die mithilfe von Wasserantrieb Seidenfäden maschinell fertigt. Die ist der Grundstein für die Seidenspinnerindustrie, die der Stadt großen Reichtum beschert.

1401: Die Adelsfamilie Bentivoglio regiert die Stadt.

1506: Nachdem Papst Julius II. die Fürsten Bentivoglio aus der Stadt verbannt hat, wird Bologna vom Kirchenstaat annektiert und von einem päpstlichen Legaten sowie einem Senat regiert.

Die Familie Bentivoglio

Die zu den papsttreuen Guelfen gehörende Familie Bentivoglio stieg im 15. Jh. zur beherrschenden Adelsfamilie Bolognas auf. Angeblich stammten sie vom Stauferkönig Enzo ab, der im Palazzo Re Enzo ❸ gefangengehalten wurde und dem viele uneheliche Liebschaften nachgesagt wurden.

1401 begründete Giovanni I. Bentivoglio die Herrscherdynastie mit der wechselvollen Geschichte. Giovanni II. brachte ab 1462 Stabilität und regierte fast vierzig Jahre lang. Unter seiner Herrschaft kehrte der Geist der Renaissance in Bologna ein: Er förderte Künstler wie Lorenzo Costa und die Universität erhielt neue Fachbereiche für Medizin, Philosophie und Astronomie. Es entstanden viele neue Paläste, von denen der 1498 begonnene Palazzo Bentivoglio allerdings nicht überdauerte – er stand an der Piazza Verdi dort, wo sich heute das Teatro Comunale erhebt. Seine Fehden mit den konkurrierenden Adelsfamilien Malvezzi und Marescotti, deren Angehörige er brutal niedermetzeln ließ, wurden Giovanni II. zum Verhängnis. 1506 wurden er von Papst Julius II. exkommuniziert und die Familie wurde aus der Stadt vertrieben. Sie zog daraufhin zu ihren Verwandten nach Ferrara, wo Annibale II. (1469-1540) sich mit Lucrezia d'Este, einer illegitimen Tochter des Herzogs Ercole I., verheiratete. 1511 versuchte Annibale die Macht über Bologna zurückzugewinnen, wurde aber 1512 ermordet. Danach steckte ein wütender Mob den Palazzo Bentivoglio in Brand und die Familie kehrte nie wieder nach Bologna zurück.

1516: Ludovico Ariosto (1474–1533) verfasst in Ferrara sein romantisches Epos „Orlando Furioso" („Der Rasende Roland").

1530: Karl V. wird in Bologna zum Kaiser gekrönt. Es ist die letzte vom Papst durchgeführte Kaiserkrönung.

1555–1559: Papst Paul IV., Mitbegründer der römischen Inquisition, treibt die Gegenreformation auch in Bologna voran. Es ist eine Zeit der Verfolgung von Liberalen und der Zensur in der Kunst. Der Papst etabliert das jüdische Ghetto.

1564: Die Piazza del Nettuno wird angelegt und das Archiginnasio als erster offizieller Sitz der Universität gebaut.

1582: Der Bologneser Papst Gregor XIII. führt den gregorianischen Kalender ein.

1597: Papst Clemens VIII. verbannt die Juden aus der Stadt.

1637: Der Anatomiesaal des Archiginnasio wird eröffnet.

1732: Laura Bassi wird die erste weibliche Professorin in Europa. Sie erhält einen Lehrstuhl für Naturphilosophie (Physik) in Bologna.

1796: Inspiriert von den französischen Jakobinern tragen Bologneser Studenten als erste die italienische Trikolore als Kokarde (rundes Abzeichen).

1796: Bei seinem Einmarsch in Italien erreicht Napoleon am 19. Juni Bologna und der päpstliche Legat wird aus der Stadt gewiesen. Bologna, Ferrara, Modena und Reggio Emilia bilden zusammen die Cispadanische Republik, aus der 1797 die Cisalpinische Republik hervorgeht.

1815: Im Wiener Kongress ordnen die Siegermächte der Heiligen Allianz, Russland, Österreich und Preußen, Bologna erneut dem Kirchenstaat zu.

1848: Am 8. August werden die Österreicher von den Widerstandskämpfern des Risorgimento (s. S. 41) aus der Stadt vertrieben.

1849: Garibaldi, der Widerstandskämpfer und Held der Bewegung des Risorgimento, und seine Truppen marschieren nach Norden, um den venezianischen Freiheitskämpfern beizustehen. Dieser Gewaltmarsch fordert das Leben seiner hochschwangeren Frau, Anita Garibaldi (1821–1849). Die Brasilianerin, die heute in ihrem Heimatland als Nationalheldin gilt, stirbt nahe Ravenna an Erschöpfung.

1861: Am 17. März 1861 wird das Vereinigte Königreich Italien, eine konstitutionelle Monarchie unter König Vittorio Emanuele II., ausgerufen. Emanuele hatte zuvor die Armee des Kirchenstaats bis Ancona zurückgedrängt. Gleichzeitig hatte Garibaldi mit dem sogenannten „Zug der Tausend" das Königreich beider Sizilien vom letzten Bourbonenkönig Franz II. erobert.

Die Statue am Palazzo d'Accursio ❹ erinnert an Papst Gregor XIII., der den gregorianischen Kalender einführte

1892: Die Po-Ebene wird von Großgrundbesitzern und Unternehmern im 19. Jh. landwirtschaftlich erschlossen und industrialisiert. Die Unterdrückung der neuen Landarbeiter- und Arbeiterklasse führt zu Spannungen. Die sozialistische Partito Socialista Italiano wird gegründet.

1900: Anstatt die Krise daheim zu lösen, lässt Ministerpräsident Francesco Crispi Proteste blutig niederschlagen und führt Sparmaßnahmen ein, um Kolonialkriege in Ostafrika zu finanzieren, die König Umberto I. angezettelt hatte. Umberto stirbt nach einem Attentat des Anarchisten Gaetano Bresci in Monza.

1902: Bologna wird modernisiert. Die Stadtmauer wird abgerissen und die heutige Ringstraße entsteht.

1914–1918: Im Ersten Weltkrieg bleibt Italien zunächst neutral. Das Land spaltet sich in Kriegsgegner (vornehmlich die linken Parteien) und die Kriegsbefürworter (darunter auch Benito Mussolini). Nachdem Italien von den Alliierten Russland, Frankreich und Großbritannien die Gebiete Südtirol und Dalmatien in Aussicht gestellt werden, erklärt es Österreich-Ungarn und 1916 auch Deutschland den Krieg. An der Alpenfront sterben fast eine Million Menschen und der Krieg wird vielfach als sinnloses Gemetzel angesehen.

1919–1921: Nach Kriegsende erlebt das Land eine tiefe Krise. Wirtschaftliche und soziale Probleme führen zu bürgerkriegsähnlichen Zuständen. Beim sogenannten „Biennio rosso", dem Aufstand linker Organisationen in Norditalien, werden Fabriken und Land besetzt, was droht, die Wirtschaft lahmzulegen. Unter Benito Mussolini entsteht dagegen aus einem rechtsnationalistischen Kampfbund die faschistische Organisation Partito Nazionale Fascista.

1922–1928: Die Schlägertrupps Mussolinis gehen mit Zustimmung der Großgrundbesitzer und Industriellen gegen die aufständischen Arbeiter und linken Gruppierungen vor und kontrollieren bald viele Stadtregierungen. Um die Ohnmacht der Regierung zu demonstrieren, organisiert Mussolini mit 30.000 Anhängern den „Marsch auf Rom", wo ein geplanter Generalstreik unterdrückt wird.

Guglielmo Marconi

Guglielmo Marconi (1874–1937), der in Bologna als Sohn eines italienischen Landbesitzers und einer Irin geboren wurde, erhielt 1909 (zusammen mit Ferdinand Braun) den Nobelpreis für Physik. Der Ingenieur war ein Pionier in der drahtlosen Kommunikation per Telegrafie. Einige seiner erfolgreichen Experimente wurden von England aus zur französischen Küste durchgeführt. Zudem gelang von Poldhu in Cornwall 1901 die erste Signalübertragung über den Atlantik nach Neufundland.

Im Palazzo Pepoli ⓬ *ist Marconi ein ganzer Raum gewidmet. Außerdem befindet sich südlich von Bologna in den Apennin-Hügeln die Villa Griffoni, der Sitz der Familie Marconi, wo Guglielmo schon als Teenager seine ersten Experimente durchführte. Dort ist heute das Marconi Museum eingerichtet. Auch ist der Flughafen der Stadt nach dem Wissenschaftler benannt.*

📍**150** *Fondazione Guglielmo Marconi, Villa Griffone, Via Celestini, 1, 40037 Pontecchio Marconi (BO), www.fgm.it, Tel. 051846121, So. 10 Uhr, Besichtigung nur im Rahmen einer geführten Tour (1,5 Std.), Eintritt: Erw. 5 €, erm. 2 €*

Vittorio Emanuele III. fühlt sich gezwungen, Mussolini zum neuen Ministerpräsidenten zu ernennen, und übergibt ihm de facto die Regierungsgewalt. Der sogenannte Duce („Führer") betreibt nun aktiv die Bildung einer faschistischen Diktatur.

1926: Der 15-jährige Anarchist Anteo Zamboni (1911–1926) verübt am 31. Oktober ein Attentat auf Mussolini, als dieser in Bologna seinen Marsch auf Rom mit einer Parade zelebriert. Nachdem Zambonis Schuss das Ziel verfehlt, wird er von Mussolinis Kadern noch vor Ort gelyncht. Das Ereignis dient den Faschisten zum Anlass, die Oppositionsparteien systematisch auszuschalten.

1935–36: Mussolini verbündet sich in der „Achse Berlin–Rom" mit Hitler

1940: Italien tritt an deutscher Seite in den Zweiten Weltkrieg ein, bleibt an seinen Fronten jedoch weitgehend erfolglos.

1943: Die Lage innerhalb Italiens spitzt sich zu und Mussolini wird von Gegnern in seiner eigenen faschistischen Organisation entmachtet und verhaftet. Die Regierung Badaglio schließt am 8. September einen Waffenstillstand mit den Alliierten, die den Süden Italiens bereits erobert haben.

1943: Die Deutschen halten Nord- und Mittelitalien und setzen den von ihnen befreiten Mussolini dort als Verwalter ein. Als Reaktion darauf wird die Emilia-Romagna zu einem Zentrum der Widerstandsbewegung *(Resistanza)*. Aus einem Zusammenschluss von Kommunisten, Sozialisten, Katholiken und Liberalen entsteht die Befreiungsorganisation CLN (Comitato di Liberazione Nazionale). Tausende von Partisanen werden von den Deutschen systematisch umgebracht. In Marzabotto, südlich von Bologna, ermordet die Wehrmacht 1830 Männer, Frauen und Kinder. (Heute befindet sich dort eine Gedenkstätte.) Mussolini wird schließlich von Partisanen gefangengenommen und hingerichtet.

1945: In der Schlacht von Bologna befreien polnische Soldaten die Stadt und hissen die polnische Flagge auf dem Torre Asinelli. Die historischen Bauten der Stadt haben erhebliche Schäden erlitten.

1946: In einem Referendum am 2. Juni stimmen die Italiener für eine neue Regierung. Fast 13 Millionen Bürger stimmen für eine föderale Republik und die Königsfamilie geht ins Exil. Der Tag der Republik (Festa della Repubblica) ist heute ein Nationalfeiertag.

1946–1966: Giuseppe Dozza, Kommunist und Mitglied der Befreiungsorganisation CLN wird zum ersten Nachkriegsbürgermeister von Bologna. Er bleibt 20 Jahre im Amt und lässt die Altstadt restaurieren. Die Emilia-Romagna bleibt bis Ende des 20. Jh. „rot", während auf nationaler Ebene die konservative Democrazia Cristiana die stärkste Partei ist.

1950: Die Emilia-Romagna erlebt einen wirtschaftlichen Aufschwung.

1964: Die Bologneser Kanäle werden nicht mehr schiffbar erklärt. Die Schleusen zur Umleitung der Flüsse Reno, Savena und Aposa werden zerstört und die Kanäle mit Straßen überbaut.

1969–1978: Italienweit kommt es zu terroristischen Anschlägen neofaschistischer Gruppen.

1980: Bei einem Bombenanschlag auf den Hauptbahnhof, dem sogenannten „Strage di Bologna", sterben am 2. August 85 Menschen und mehr als 200 werden verletzt. Die Täter hatten einen mit Sprengstoff gefüllten Koffer in einem Wartesaal deponiert. Die Explosion bringt das Dach zum Einsturz und auch die westliche Haupthalle und ein wartender Zug werden beschädigt. Bis heute erinnert eine klaffende Lücke in der Wand des Wartesaals an den Anschlag. Dort befindet sich auch eine Tafel mit den Namen der Opfer. Erst 1995 wird das Täterpaar, Mitglieder einer rechtsextremistischen Organisation, verurteilt. Ebenfalls für schuldig befunden werden der Freimaurer Licio Gelli und drei Mitglieder des italienischen Geheimdienstes, denen Behinderung der Ermittlungsarbeiten nachgewiesen wird. Erst 2008 erhalten die Opfer bzw. ihre Angehörigen eine Entschädigungszahlung.

1989: Im Frühsommer des Jahres kommt es zu einer Algenpest an der Adria. Ein 40 km breiter Algenteppich breitet sich vor den Stränden aus und färbt das Meer dunkelbraun. Verantwortlich ist eine Überdüngung durch Abwässer aus dem Po-Delta. Trotz Abhilfemaßnahmen gelangen bis heute belastete Gewässer aus dem Fluss an die Küste.

1998: Italien tritt in die Europäische Währungsunion ein.

1999: In dem Jahr, in dem die älteste europäische Universität in Bologna am 19. Juni ihren 900. Geburtstag feiert, unterzeichnen 29 europäische Staaten eine Erklärung zur europaweiten Hochschulreform, die als Bologna-Prozess bekannt wird.

2000: Bologna wird europäische Kulturhauptstadt.

2006: Bologna wird UNESCO City of Music.

2009: Der Naturpark Parco regionale del Delta del Po dell'Emilia-Romagna wird gegründet.

2011: Unter der korrupten Regierung Berlusconi rutscht Italien in eine Rezession.

2012: Am 20. und 29. Mai 2012 kommt es zu zwei schweren Erdbeben bei Medolla, ca. 35 Kilometer nördlich von Bologna, und in der Nachbarstadt Mirandola. 31 Menschen sterben und es entsteht erheblicher Sachschaden in der Region – sogar am Castello Este in Ferrara und am Palazzo Comunale in Bologna.

2013: Bei den Nationalwahlen gewinnt das Mitte-Links-Bündnis der PD (Partito Democratico) unter Pier Luigi Bersani, das 2007 aus einem Zusammenschluss verschiedener Linksparteien entstand, die meisten Stimmen. Die vom Comedian Beppe Grillo gegründete Partei MoVimento 5 Stelle („5-Sterne-Bewegung") gewinnt viele Proteststimmen und zieht in die Abgeordnetenkammer ein. Die umstrittene europafeindliche Partei hat sich den Kampf gegen Korruption auf die Fahnen geschrieben, gilt aber auch als fremdenfeindlich.

2015: Bei den Europawahlen gewinnt die PD die absolute Mehrheit.

2016: Der Bürgermeister Virginio Merola wird im Juni 2016 im zweiten Wahlgang gegen seine Mitte-Rechts-Gegnerin Lucia Borgonzoni wiedergewählt. Unter den 36 Stadträten finden sich aber auch je vier Vertreter der populistischen, nonkonformistischen und europafeindlichen Partei MoVimento 5 Stelle und der rechtsextremen, separatistischen Partei Lega Nord.

2017: Am 15. November eröffnet der Gastro-"Vergnügungspark" Fico Eataly World im Nordosten der Stadt.

Im Hauptbahnhof erinnert eine Tafel an die Opfer des Bombenanschlags von 1980

Leben in der Stadt

Bologna hat gleich mehrere Beinamen: „La Grassa" („Die Fette") spielt auf die gehaltvollen kulinarischen Spezialitäten an, für die die Stadt berühmt ist. „La Dotta" („Die Gelehrte") bezieht sich auf die lange Geschichte der ältesten Universität, die seit Jahrhunderten die Dichter und Denker Italiens anzieht. „La Rossa" („Die Rote") ist ein Hinweis auf die Terrakotta- und Ockertöne der Bausubstanz der Stadt kombiniert mit roten Ziegeln, deren Farbintensität bei Regen besonders gut zur Geltung kommt. Nicht zuletzt ist der Begriff jedoch auch eine Anspielung auf die politische Gesinnung Bolognas, das bis 1999 kommunistisch regiert wurde und noch heute durch seine anarchistischen und linken Gruppierungen von sich reden macht.

Bologna hat ca 388.000 Einwohner, aber in der Metropolregion leben mehr als eine Million Menschen. Damit ist sie die **bevölkerungsreichste Region der Emilia-Romagna**. Die Stadt hat einen überdurchschnittlich hohen Anteil an Studenten, die etwa ein Viertel der Bevölkerung ausmachen. Dennoch liegt der **Altersdurchschnitt** mit 51 Jahren weit über dem in Italien (42 Jahre). Dies kommt zum einen daher, dass in Bologna zwar überdurchschnittlich viele Menschen zwischen 18 und 34 Jahren leben, aber mehr als doppelt so viele zwischen 55 und 75 Jahren. Familien sind eher dünn gesät und die Geburtenrate liegt unterhalb der italienischen Norm. Nicht nur der innere Stadtbezirk Bolognas ist besonders kinderarm, auch in der weiteren Metropolregion machen Familien weniger als die Hälfte der Bevölkerung aus. Dies mag damit zu tun haben, dass die Studenten sich nach ihrem Studium selten permanent hier niederlassen. Der Bevölkerungszuwachs der letzten Jahre erfolgte vor allem außerhalb des Stadtzentrums und ist großenteils auf die wachsende **Immigration** zurückzuführen, vor allem aus Albanien, Rumänien, Marokko und Pakistan. Insgesamt bilden Immigranten in der Region der Emilia-Romagna einen Anteil von etwa 11 % der Bevölkerung.

Die Emilia-Romagna gilt als **Motor Valley**, denn viele der bekanntesten italienischen Automarken von Maserati bis Ferrari haben hier ihren Sitz. Bologna ist zudem ein wichtiger Knotenpunkt für Autobahnen und Bahn-

In den Gassen der Altstadt

strecken, die den Norden mit dem Süden Italiens verbinden. Die neue **Autostrada del Sole A1** verkürzt vor allem die Strecke nach Florenz. Große Unternehmen wie der Motorradhersteller **Ducati Motor Holding** und die Kaffeebrennerei **Segafredo Zanetti** sowie verschiedene Businessparks haben ihren Sitz in den Randbezirken der Metropole und bieten Arbeitsplätze.

Die Administration Bolognas hat zudem in den letzten Jahren große Anstrengungen unternommen, um die **Tourismusindustrie** zu beleben. So hat man z. B. viel Geld in den Ausbau und die Modernisierung des Marconi-Flughafens gesteckt, dessen Passagieraufkommen sich in den letzten zehn Jahren fast verdoppelt hat. Das Projekt der Flughafenerweiterung verzögerte sich aufgrund von Missmanagement jedoch immer wieder und die Arbeiten sollen nun erst 2020 fertiggestellt sein. Bis 2023 rechnet man mit einem Anstieg auf 10 Mio. Passagiere pro Jahr.

Innerhalb Italiens ist Bologna insbesondere aufgrund seines kulinarischen und kulturellen Angebots seit Langem eine beliebte **Reisedestination**. Unter Europäern ist die Stadt immer noch ein Geheimtipp und steht zu Unrecht im Schatten der Nachbarn Florenz und Mailand. Stattdessen kommen Besucher aus China, Japan und Indien, dem Mittleren Osten und Osteuropa. Viele davon sind allerdings **Messebesucher** und halten sich nur kurz in der historischen Innenstadt auf. So hat sich Bologna seine Authentizität bewahrt und ist von Touristenfallen bisher weitgehend frei geblieben.

Das **Messegelände Bologna Fiera** ist inzwischen zu einem fast unabhängigen modernen Stadtteil herangewachsen, der sich zwischen der Ringstraße und der A14 befindet. Zu den erfolgreichsten Messen gehört neben der Autoausstellung Motor Show die Kunstmesse Arte Fiera und die Kinderbuchmesse Fiera del Libro per Ragazzi.

Die Geschichte Bolognas ist eng mit der ihrer **Universität** verbunden. Sie ist von jeher eine wohlhabende Stadt, in der viele Menschen mit einem hohen Bildungsgrad leben. Heute gehört die Region Emilia-Romagna zu den wohlhabendsten in Italien und dies zeigt sich auch in der Bevölkerungsstruktur der Regionshauptstadt. Die **Arbeitslosenquote** liegt mit ca. 2,6 % weit unter dem nationalen Durchschnitt, während der Durchschnittslohn darüber liegt. Etwa 71,1 % aller Jobs finden sich in der Serviceindustrie.

Die Atmosphäre in der Stadt wird zu einem großen Teil von den **Studenten** geprägt, die ja immerhin mehr als ein Viertel der Einwohner ausmachen. Zahlreiche **Kreative**, von Musikern und Schriftstellern bis zu Designern und Gastronomen, tragen ihren Teil zu den kulturellen Veranstaltungen und zum Nachtleben bei und bevölkern die Cafés und Restaurants. Etwa 8 % aller Betriebe in der Stadt gehören zum kulturellen Sektor, in dem etwa 77.000 Menschen beschäftigt sind. Die Initiative Incredibol! bietet aktiv Unterstützung für kreative Start-Ups und vergibt Fördergelder.

Der zeitgenössische **Bologneser** ist gut situiert und hat ein kultiviertes Auftreten, er redet gern über Politik, neigt aber auch zur Aufmüpfigkeit. Politische Graffiti verzieren nicht nur die Mauern der Gebäude im Universitätsviertel, sondern sie sind auch auf normalen Hauswänden allgegenwärtig.

Ein **Flair der Boheme** schwebt über der Stadt. In den 1960er- und 1970er-Jahren war Bologna eine Hochburg der italienischen Studentenbewegung. Der Liedermacher und Schriftsteller Francesco Guccini brachte dies in seinem der Stadt gewidmeten Song „Bologna" auf den Punkt: „Bologna ist ein provinzielles Klein-Paris, wo die Boheme sich komfortabel zwischen Wohnung und Osteria abspielt und wo jedes Glas neue Philosophien hervorbringt." Wie keine andere italienische Metropole paarte Bologna eine museumsartige historische Innenstadt mit einer aktiven Subkultur, die sich dort wie in einem Wohnzimmer bewegte. Obwohl inzwischen auch hier die Gentrifizierung Einzug gehalten hat, lassen sich die **Rebellen** auch im 21. Jh. noch nicht ganz mundtot machen. 2015 wurde das letzte, von einer anarchistischen Lesbenorganisation besetzte Haus geräumt. Zu gewalttätigen Auseinandersetzungen von Studenten und Anarchisten mit der Polizei kam es im Herbst 2016, als in der Universitätsbibliothek Schranken installiert wurden, um den Zugang zu regulieren. **Demonstrationen** gegen alle Arten behördlicher Regulierung finden weiterhin statt, wenn auch nicht mehr so regelmäßig wie in den vergangenen Jahrzehnten.

Bologna hat eine lange, stolze **Tradition des Widerstandes**, die bis zur Entstehung der Arbeiterbewegungen Ende des 19. Jh. zurückreicht. Im Zweiten Weltkrieg war die Emilia-Romagna ein Zentrum antifaschistischer Partisanen. Eine schmerzliche Erinnerung aus dieser Zeit ist das Massaker im benachbarten Marzabotto, wo die Deutsche Wehrmacht auf der Jagd nach Partisanen fast 1900 Zivilisten tötete.

Von 1946 bis 1999 wurde Bologna von kommunistischen Bürgermeistern verwaltet. In den 1960er- und

◿ *Die Kneipen im Gassengewirr des Quadrilatero* ❿ *sind Lieblingsorte der Boheme*

◹ *Vespas, Motor- und Fahrräder sind in Bologna das Fortbewegungsmittel der Wahl*

1970er-Jahren, als vielerorts die im Krieg beschädigten Altstädte abgerissen und durch Betonburgen ersetzt wurden, unternahm die Bologneser Stadtverwaltung große Anstrengungen, um die **historische Bausubstanz** wie das Archiginnasio ⓭ zu sanieren. Gleichzeitig belebte man das Stadtzentrum durch die Einführung kostenfreier öffentlicher Transportmittel.

Ende der 1970er-Jahre ging es jedoch wirtschaftlich wieder bergab: Hohe Mieten und schlecht bezahlte Jobs mündeten in ausgedehnten Protesten gegen die inzwischen korrupte Regierung. Als am 2. August 1980 ein terroristischer **Anschlag auf den Bahnhof von Bologna** verübt wurde, bei dem 85 Menschen umkamen, schob man die Schuld zunächst auf linksradikale Gruppen. Sechs Jahre später wurde enthüllt, dass die damaligen Behörden den wahren Sachverhalt verschleiert hatten: Die Attentäter waren Anhänger einer neofaschistischen Gruppe (s. S. 100).

Von 1999 bis 2004 orientierte sich Bologna kurzzeitig nach rechts und wurde von der konservativen Partei **Forza Italia** Silvio Berlusconis regiert. Seit 2011 hält die **Partito Democratico** (**PD**), eine aus verschiedenen linken Parteien 2007 neu formierte sozialdemokratische Partei, die Mehrheit im Stadtparlament.

Wie alle wachsenden Städte hat Bologna mit **Umweltproblemen** wie Luftverschmutzung zu kämpfen. Die Stadt gibt sich umweltbewusst und Grünflächen und Parks werden als wichtige grüne Oasen recht gut gepflegt. In den Appenin-Hügeln wurde ein großer Landstrich von San Luca bis Casalecchio unter Naturschutz gestellt. Ärgerlich ist jedoch z. B. die Verschmutzung der Arkadengänge: In den besseren Gegenden sind die Böden unterhalb der Bögen aus schönem Stein und werden jeden Tag gereinigt. In den Randbezirken werden die Passagen jedoch oft gar nicht gepflegt und sind nicht nur verschmutzt, sondern teils auch beschädigt, sodass man beim Spaziergehen Slalom laufen muss. „Lebendig, grün, offen" ist das offizielle Motto für die Stadtentwicklung Bolognas (www.urbancenterbologna.it). Man ist bestrebt, das Leben für Fußgänger und Fahrradfahrer zu verbessern, wozu die Einführung der **verkehrsfreien Zone in der Innenstadt** (**ZTL**) eine gute Voraussetzung ist. Der Bau einer „Fahrradautobahn" von Bologna nach Verona ist in Arbeit.

Im **Öffentlichen Personennahverkehr** verlässt man sich hauptsächlich auf **Busse**. Das Netz ist gut ausgebaut, aber die Suche nach den entsprechenden Linien ist für Touristen schwer, da die Informationen ausschließlich in italienischer Sprache erhältlich sind. Die weiter außerhalb liegenden Bezirke sind durch die einer S-Bahn ähnlichen Züge der FER mit dem Hauptbahnhof verbunden (s. S. 126).

Kreativstadt Bologna – UNESCO City of Music

Im Jahr 2006 verlieh die UNESCO Bologna den Titel „City of Music". Mit dieser Auszeichnung erkannte man die reiche musikalische Vergangenheit der Stadt an. Immerhin zählt sie Gioachino Rossini, den Meister der komischen Oper („Opera Buffa"), zu ihren Söhnen, der Publikumsrenner wie den „Barbier von Sevilla" komponierte. Ausschlaggebend für die Entscheidung der UNESCO war aber auch die Tatsache, dass die zeitgenössische Musikszene Bolognas sehr lebendig und vielseitig ist. So lebte und wirkte z. B. der populäre Liedermacher Lucio Dalla Zeit seines Lebens in Bologna. Von Kirchenmusik und Klassik über Jazz, Rock, Pop, Indie, Hip-Hop und Folk bis zu Electronica sind hier alle Musikstile zu finden.

Im 18. Jh. richteten sich die Augen der internationalen Musikwelt auf die **Accademia Filarmonica** (s. S. 83), die philharmonische Musikakademie Bolognas, die 1666 von Vincenzo Maria Carrati im Palazzo Guerazzi ins Leben gerufen wurde. Bereits die sogenannte **Bologneser Schule** hatte ab 1657 die Kirchenmusik revolutioniert und deren Schwerpunkt auf Instrumentalmusik, insbesondere Violinmusik, und Kurzmessen mit Sologesang verlagert. Ab 1758 unterrichtete der Franziskanerpriester **Padre Giovanni Battista Martini** (1706–1784) in der Accademia. Padre Martini war ein begabter Musiklehrer und Komponist, der sich zunächst in der Basilica di San Francesco einen Namen machte, wo er zahlreiche Sonaten und Kirchenmusik schuf. Daneben war Martini ein passionierter Sammler von Noten und Instrumenten und schrieb umfassende Werke über Musikgeschichte. Unter den Musikern des 18. Jahrhunderts war er geachtet und zählte unter anderem kurzzeitig **auch Johann Sebastian Bach** und **Wolfgang Amadeus Mozart** zu seinen Schülern. 1770 brachte Mozarts Vater Leopold seinen damals 14-jährigen Sohn für drei Monate nach Bologna, damit dieser die Aufnahmeprüfung in der Akademie absolvieren konnte. Normalerweise mussten die Absolventen über 20 Jahre alt sein, aber aufgrund seiner Begabung machte man für Mozart eine Ausnahme. Unter der Führung von Padre Martini bereitete er sich auf die Prüfung vor, die er auch bestand. Im Mozartsaal der Akademie und in der Chiesa di Santa Maria dei Servi ⓰ finden heute regelmäßig Kammermusikkonzerte statt. Teilweise treten hier die verbleibenden Solisten des Mozart-Orchesters auf, das vom Stardirigenten Claudio Abbado gegründet und bis zu seinem Tod 2014 geleitet wurde.

Im Jahr 1763 eröffnete das Opernhaus **Teatro Comunale** ㉒ an der heutigen Piazza Verdi im Universitätsviertel. Schon damals war es Bolognas erste Adresse für Opern und Konzerte. Zu Beginn des 19. Jh. entstand als Ableger der Akademie die erste öffentliche Musikhochschule Italiens, das heutige **Conservatorio G. B. Martini**, untergebracht in der Augustinerabtei Basilica di San Giacomo Maggiore. **Gioachino Rossini** (1792–1868) studierte hier ebenso wie sein Zeitgenosse und Komponist des Belcanto,

▷ Jazzgitarristin in Bologna – auch Straßenmusik ist hier von hoher Qualität

Gaetano Donizetti (1797–1848). Donizetti dirigierte 1842 die italienische Ur-Aufführung von Rossinis „Stabat Mater" im danach benannten Saal des einstigen Universitätsgebäudes Archiginnasio ⓭. Der gebürtige Bologneser **Ottorino Respighi** (1879–1936), der ebenfalls am Liceo studierte, wurde später durch seine Instrumentalmusik wie die Sinfonien der „Römischen Trilogie" bekannt.

Über die Jahrhunderte trug die Akademie (nicht nur aufgrund der akribischen Sammelleidenschaft des Padre Martini) Hunderte von musikalischen Partituren, Librettos und Musikbüchern, aber auch Instrumente, persönliche Gegenstände und Porträts der hier tätigen Musiker zusammen, darunter handschriftliche Manuskripte von Monteverdi, Gluck, Wagner und Respighi. Die Stücke sind seit 2004 im sehenswerten **Museo internazionale e biblioteca della musica di Bologna** ⓲ ausgestellt. Es ist im Palazzo Sanguinetti untergebracht, den Rossini von 1846 bis 1851 während seiner Zeit als Schatzmeister für die Accademia Filarmonica bewohnte. Ihm ist im Museum ein eigener Raum gewidmet, der u. a. sein Piano beherbergt.

Viele italienische *Cantautori* (Liedermacher) haben Bologna ihre poetischen Zeilen gewidmet, so z. B. **Dino Sarti** (1936–2007), **Francesco Guccini** (geb. 1940, gleichzeitig ein erfolgreicher Autor), **Luca Carboni** (geb. 1962) sowie **Cesare Cremonini** (geb. 1980 in Bologna) mit seiner Band Lunapop. Wie kein anderer *Cantautore* war jedoch **Lucio Dalla** (1943–2012) mit Bologna verbunden. Seine Lieder mit poetischen, philosophischen bis romantischen Texten gehören heute zum italienischen Kulturerbe. Der Barde mit dem zersausten Äußeren, komplett mit Dreitagebart, Rundbrille

Kreativstadt Bologna – UNESCO City of Music

und Strickmütze, begann seine Karriere als Jazzmusiker, gelangte aber erst 1976 mit seinem Song „4. Marzo 1943 (Gesù bambino)" zu Ruhm.

Dalla war homosexuell, aber auch Mitglied in der erzkatholischen Organisation Opus Dei. In seinem späteren Werk beschäftigte er sich viel mit zwischenmenschlichen Konflikten und religiösen oder philosophischen Themen. Hier stand der Text im Vordergrund, die Begleitung bestand oft nur aus einfachen Synthesizer- oder Gitarrenklängen. Der sentimentale Titel „Caruso" wurde mehrfach gecovert, nicht zuletzt vom Tenor Luciano Pavarotti. Fast 50.000 Menschen gaben Lucio Dalla nach seinem Tod das letzte Geleit. Er wurde auf dem **Certosa-Friedhof** ❸⓪ beigesetzt. Anlässlich seines Geburts- und Todestages findet jedes Jahr Anfang März die Veranstaltung „**A Casa di Lucio**" („Zuhause bei Lucio") statt. Dann gibt es an verschiedenen Orten in Bologna Konzerte, Lesungen und andere Events, nicht zuletzt in seinem zum Museum umgewandelten Apartment in der Via d'Azeglio (**Museo Lucio Dalla** (s. S. 21).

Als Teil des weltweiten UNESCO-Netzwerks von kreativen Städten (UNESCO Creative Cities) investiert Bologna heute in die kreativen Industrien, um eine nachhaltige Stadtentwicklung zu garantieren. Dabei arbeitet man auch mit anderen **Kreativstädten** zusammen, um **Events** zu realisieren, die oft eine Mischung aus Musik, Film, Theater und Kunst bieten, so z. B. der Kultursommer **BEST – la cultura si fa spazio** (s. S. 91). Bereits ab 1946 hatte die Stadt ein regelmäßiges Jazz-Event, bei dem international bekannte Größen auftraten. In Erinnerung an den Jazzfan Alberto Alberto, der 1958 das Bologneser Jazz-Festival ins Leben rief, findet alljährlich das Festival **La Strada Del Jazz** (s. S. 92) statt. Dann sind die Gassen rund um das Quadrilatero von Bands und Zuhörern bevölkert. Wer aufmerksam schaut, findet auf der Via degli Orefici [E4], der selbsternannten „Straße des Jazz", an verschiedenen Stellen Sterne im Boden, die an bekannte Jazzmusiker erinnern, die in Bologna aufgetreten sind.

Klassische Musik ist in unzähligen Formen vertreten, z. B. beim **Bologna Festival** (s. S. 90) oder durch die Konzertreihen von **Musica Insieme** (s. S. 92). Auch experimenteller Musik wird Raum geboten, z. B. durch das Institut für Musikforschung (Centro di Ricerca Musicale) mit seinem internationalen spartenübergreifenden Festival **AngelicA** (s. S. 90).

Mit der Verschmelzung von digitaler Technik und Musik setzt sich das **roBOt Festival** (s. S. 92) auseinander. Vielfältig und schräg geht es in der Underground-Szene zu. Fast jeden Abend wird irgendwo an irgendeinem Veranstaltungsort Livemusik geboten. Informationen über die zahlreichen Veranstaltungen von Rock bis Electronica findet man auf Flyern an Säulen und Hauswänden im Universitätsviertel, es gibt aber auch einschlägige Facebook-Seiten von Organisatoren wie **Beat Bologna.** Einige der großen Musikklubs wie der Estragon Club (s. S. 82) organisieren auch Sommerfestivals.

› Beat Bologna, Tel. 3477110446, www.facebook.com/BEAT-Bologna-354405797940966. Tech-House-Events.

› **B.U.M., Bologna Underground,** www.facebook.com/bolognaunderground. Raves und andere Events.

PRAKTISCHE REISETIPPS

An- und Rückreise

Mit dem Flugzeug

Der **Flughafen Guglielmo Marconi** befindet sich ca. 6 km in nordwestlicher Richtung vom Stadtzentrum entfernt.

Lufthansa fliegt von Frankfurt aus hierher. Mit Billigfliegern kommt man z. B. ab Köln-Bonn, Berlin, Düsseldorf, Hamburg, München und Stuttgart nach Bologna. Austrian Airlines hebt von Wien ab und von Zürich aus starten z. B KLM, Lufthansa und Air France.

• **151** Aeroporto G. Marconi Bologna, Via del Triumvirato 84, Tel. 0516479615, www.bologna-airport.it

Vom Flughafen in die Stadt

Der Shuttleservice **Aerobus** braucht vom Flughafen bis zum Hauptbahnhof in Bologna (s. S. 127) ca. 20 Minuten. Vom Flughafen fährt er von 5.30 bis 0.15 Uhr, vom Bahnhof zwischen 5 und 23.35 Uhr, zwischen 7 und 21 alle 11 Minuten, sonst alle 30 Minuten. Eine einfache Fahrt kostet 6 €. Das Ticket kauft man an den Automaten im Flughafen bzw. am Bahnhof und es kann bis 75 Min. nach Kauf in allen öffentlichen Verkehrsmitteln von Bologna benutzt werden. Wer vorab online ein Ticket kauft und ausdruckt und damit auch den Nahverkehr benutzen will, muss das Papierticket vor Ort am Schalter umtauschen.
› https://aerobus.bo.it/en

Ein **Taxi** vom Flughafen bis zum Bahnhof kostet Montag bis Samstag ca. 15 €, sonn- und feiertags ca. 18 € (jeweils zuzüglich 0,50 € pro Gepäckstück).
› **Taxi COTABO**, Tel. 051372727
› **C.A.T.**, Tel. 0514590

Mit der Bahn

Der Hauptbahnhof **Bologna Centrale** (s. S. 127) befindet sich im Norden der Stadt direkt am inneren Ring. Auch mit der Bahn gibt es von allen Großstädten aus Verbindungen, die Reisende an einem Tag nach Bologna bringen, allerdings muss man dabei meist mehrmals umsteigen (z. B. ab München oder Salzburg, Umstieg in Verona).
› **Deutsche Bahn**, www.bahn.de
› **ÖBB**, Österreichische Bundesbahnen, www.oebb.at
› **SBB**, Schweizerische Bundesbahnen, www.sbb.ch/de
› **Trenitalia**, www.trenitalia.com

Im Hauptbahnhof Bologna Centrale (s. S. 127)

Vorseite: An den historischen Häusern sieht man vielfach noch antike Briefkästen

Mit dem Fernbus

Fernbusse verschiedener Anbieter wie Eurolines oder Onebus fahren von vielen größeren Städten in Deutschland nach Italien. Die Busstation in Bologna (**Autostazione di Bologna**) liegt östlich des Hauptbahnhofs. Sie ist gut ausgestattet, da hier vor allem auch viele Busse aus Südeuropa ankommen.

- •**152** [E1] **Autostazione di Bologna,** Piazza XX Settembre 6, www.autostazionebo.it, www.terminalbus.it/en/home.htm, geöffnet: Mo–Sa 6–20.20, So, Fei 6.45–18.15 Uhr
- › **Eurolines, Deutsche Touring,** www.eurolines.de
- › **Onebus,** www.onebus.de

Mit dem Auto

Für Besucher, die noch andere Teile der Emilia-Romagna erkunden möchten, lohnt sich auch die Anreise mit dem eigenen Auto, denn die Strecke ist durchaus in einem Tag zu schaffen (von München ca. 6 Std.). Bei der Anreise mit dem Auto nach Bologna empfehlen sich vor allem die **Brennerautobahn** (Innsbruck, Bozen, Verona) oder die etwas weniger befahrene, aber längere **Tauernautobahn** (München, Salzburg, Udine).

Wer durch **Österreich** anreist, benötigt eine **Vignette** (10 Tage 8,90 €), die man an Raststätten kaufen kann. Auch die **Autobahnen in Italien sind mautpflichtig**. Man bezahlt je nach gefahrener Strecke an den Mautstellen in bar oder mit Kreditkarte. Anfang August, wenn die italienischen Ferien beginnen, ist mit Staus zu rechnen.

- › **Autostrade per l'Italiana,** www.autostrade.it
- › **ADAC-Notrufnummer:** Tel. +49 (0)89 222222

Autofahren

Wer mit dem Auto anreist, muss bedenken, dass der **Innenstadtbereich** von Bologna eine **verkehrsberuhigte Zone (ZTL)** ist. Die Zufahrt zum Zentrum ist von 7 Uhr morgens bis 20 Uhr abends nur für autorisierte Personen gestattet. Hotelgäste dürfen zwar in den Innenstadtbereich fahren, allerdings sind öffentliche Parkplätze knapp und über Nacht nicht unbedingt sicher.

Wer ein Hotel bzw. eine Ferienwohnung in der Innenstadt gebucht hat, sollte daher sicherstellen, dass ein Parkplatz vorhanden ist. Leider verlangen Hotels meist Gebühren fürs Parken, im Schnitt 20 € pro Nacht. Man sollte nicht ohne Navi oder zumindest ohne eine gute Stadtkarte ins Zentrum von Bologna reisen, denn es gibt ein System von **Einbahnstraßen** und man kann sich ohne gute Orientierungshilfe durchaus verfahren.

Folgende Regeln sind beim Autofahren in Italien zu beachten: In Ortschaften gilt eine **Geschwindigkeitsbeschränkung** von 50 km/h, auf Schnellstraßen 110 km/h, auf Autobahnen 130 km/h. **Abblendlicht** ist auch tagsüber vorgeschrieben. Die **Promillegrenze** ist 0,5 %. Mitführen sollte man neben dem Führerschein und den Fahrzeugpapieren auch die **grüne Versicherungskarte**. Auch ein **Auslandsschutzbrief** ist empfohlen, denn eine Pannenhilfe (bzw. Abschleppen) ist immer kostenpflichtig. Der italienische Automobilklub ist der ACI.

- › **ZTL – Zona a Traffico Limitato del Centro Storico,** Infos unter www.bolognawelcome.com/en/getting-here-and-around/traffic-restrictions/limited-traffic-area-ztl

› **Polizei,** Tel. 051266626. Hier kann man anrufen, falls der Wagen wegen Falschparken abgeschleppt wurde.
› **ADAC,** deutschsprachiger Notrufdienst: Tel. 3921041
› **ACI,** www.aci.it, Tel. 800116800

Parken kann man z. B. hier:
🏠**153** [D1] **Abycar,** Via Cesare Boldrini 3a (nahe Bahnhof), www.abycar.it, Tel. 051247237, 24 Stunden geöffnet
🏠**154** [E1] **Garage Masini,** Viale Angelo Masini 4 (nahe Busbahnhof), www.garagemasini.it, 24 Stunden geöffnet

Barrierefreies Reisen

Italien ist bestrebt, sein Transportsystem und andere Einrichtungen barrierefrei zu gestalten. Dies geschieht unter dem Stichwort **Turismo Accessibile.** Leider ist der Service momentan noch sehr lückenhaft und auch die Websites der einschlägigen Organisationen bieten nicht allzu viele Informationen bzw. sind nur in italienischer Sprache verfügbar.

In der Emilia-Romagna hilft die Organisation **V4A – Village for All** mit Sitz in Ferrara mit Informationen und Auskünften. Die Website von **Bologna Welcome** hält ebenfalls einige Informationen für den Aufenthalt in der Stadt bereit und gibt Auskunft über barrierefreie Sehenswürdigkeiten und Transportmittel.

Der **Shuttlebus** vom/zum Flughafen (s. S. 110) ist behindertengerecht. Am Bahnhof gibt es den Wartesaal **Sala Blu,** wo Assistenz für Behinderte angeboten wird. Die meisten Busse haben inzwischen Rampen und Behindertenplätze bzw. Stellplätze für Rollstühle.

Im Fußgängerzonenbereich der Innenstadt kann man auch mit Rollstuhl navigieren, die historischen Arkadengänge sind jedoch meist nicht stufenlos.

In Deutschland ausgestellte Parkausweise für Behinderte sind in Italien gültig und man darf auch in der verkehrsberuhigten Zone parken: Man muss sich aber vorher bei der Touristeninformation eine Genehmigung einholen.

› **Bologna for all,** www.bolognaforall.it. Auf dieser Website gibt es allgemeine Informationen und Hinweise für geeignete Hotels und Restaurants (allerdings nur auf Italienisch).
› **Bologna Welcome,** www.bolognawelcome.com/en/for-disabled-visitors/tourism-for-disabled-people-in-bologna. Basisinfos für Behinderte.
› **CARE – Accessible Cites of European Regions,** www.interreg-care.org/site/content/view/17/32. Auf dieser Website gibt es englischsprachige Broschüren für behinderte Reisende als PDF zum Download.
ℹ**155** **V4A – Village for All,** Via Giuseppe Saragat 9, 44122 Ferrara, Tel. 0532067120, www.villageforall.net/de. Anlaufstelle für Informationen über Unterkünfte und andere Einrichtungen in der Emilia-Romagna.
› **COTABO,** Tel. 051372727. Behindertengerechte Taxis.
› **Sala Blu,** salaBlu.BOLOGNA@rfi.it, tgl. 7–21 Uhr. Assistenz am Bahnhof.

Diplomatische Vertretungen

Nach Italien können deutsche Bürger, Österreicher und Schweizer mit dem Reisepass bzw. Personalausweis einreisen. Italien ist Schengen-Mitglied. Kinder benötigen ihren eigenen Pass.

> Botschaft der Bundesrepublik Deutschland, Ambasciata della Repubblica Federale di Germania, Via San Martino della Battaglia 4, 00185 Rom, Tel. 06492131, www.rom.diplo.de
> Generalkonsulat der Bundesrepublik Deutschland Mailand, Via Solferino 40, 20121 Milano, Tel. +39 026231101, www.mailand.diplo.de
> Österreichische Botschaft, Ambasciata d'Austria, Via Pergolesi 3, 00198 Rom, Tel. +39 068440141, www.bmeia.gv.at/it/roma
• 156 [D5] Österreichisches Honorarkonsulat Bologna, Via Farini 6, Tel. +39 051267644
> Schweizerische Botschaft, Ambasciata Svizzera, Via Barnaba Oriani 61, 00197 Rom, Tel. +39 06809571, www.eda.admin.ch/roma

Elektrizität

In Italien gibt es 230-Volt-/50-Hertz-Wechselstrom und teilweise sind noch dreipolige Steckdosen in Verwendung (Adapter erforderlich).

Geldfragen

Das offizielle Zahlungsmitt/in Italien ist der **Euro**. **Banken** und **Geldautomaten** finden sich in der Via dell'Indipendenza [D4–E1], der Via Rizzoli [E4] und nahe der Via Farini [D–F5] im Bankenviertel – dort ist auch der Sitz der Filiale der Banca d'Italia. **EC-Karten** werden fast überall akzeptiert, man sollte aber kleine Mengen an Bargeld für Cafés, Zeitungskioske, Gelaterias etc. mit sich führen.

Während die Unterkünfte in der Messestadt Bologna ungewöhnlich teuer sind, sind die **Lebenshal-**

Bologna preiswert

*Der Kauf einer **Bologna Welcome Card** (20 € für 24 Stunden, www.bolognawelcome.com/en, erhältlich online oder in der Touristeninformation, s. S. 114) lohnt sich, denn man erhält in vielen Museen und anderen Einrichtungen wie Restaurants, Geschäften und anderen Freizeiteinrichtungen Vergünstigungen. Drei Museumsbesuche pro Tag sind erlaubt. Mit der Karte ist außerdem die Fahrt mit dem Shuttlebus vom Flughafen kostenlos und man kann auch andere Stadtbusse 24 Std. lang kostenfrei benutzen. Es gibt noch eine teurere Version der Karte (30 €), bei der zusätzlich ein Stadtrundgang, die Fahrt mit einem Hop-on-Hop-off-Sightseeingbus und der Eintritt in den Torre Asinelli eingeschlossen sind.*

*Am ersten Sonntag im Monat erhält man freien Eintritt in allen **städtischen Museen** (s. S. 69).*

*Beim **Aperitivo**, der in den meisten Bars der Stadt angeboten wird, erhält man zum Getränk kostenlose Häppchen (s. S. 79). Wer seinen **Kaffee im Stehen** an der Bar trinkt, zahlt weniger, als wenn er sich an einen Tisch setzt. In den Cafés und Bars der Studentenviertel sind Getränke generell preiswerter.*

*Im Sommer finden in den Parks der Stadt viele **kostenfreie Konzerte** und andere Veranstaltungen statt.*

*Wer nicht nur Bologna besucht, für den lohnt sich u. U. die **Romagna Visit Card** (www.romagnavisitcard.it/en, 17 €), mit der man in den Regionen Forli-Cesena, Ravenna und Rimini in etlichen Museen einen erheblichen Preisnachlass erhält.*

tungskosten eher niedrig. Lebensmittel sind überall recht preiswert und es gibt viele erschwingliche Restaurants. Auch die **Eintrittspreise** in den Museen halten sich in Grenzen bzw. man kann von Vergünstigungen profitieren.

Informationsquellen

Infostellen zu Hause

› **Italienische Zentrale für Tourismus ENIT,** Barckhausstraße 10, 60325 Frankfurt am Main, Tel. 069 237434, www.enit.de, geöffnet: Mo–Fr 9.15–17 Uhr, telefonisch erreichbar Mo–Fr 9.15–13 Uhr
› **Fremdenverkehrszentrale Emilia-Romagna,** www.emiliaromagnaturismo.it

△ *Am Zeitungskiosk bekommt man auch Süßigkeiten, Getränke und Souvenirs*

Infostellen in der Stadt

Im Büro der **Touristeninformation** im Palazzo del Podestà ist immer viel los, sodass mit Wartezeiten zu rechnen ist. Die Website der Stadt ist vorbildlich angelegt und alle Infos sind leicht zu finden: allerdings nur auf Italienisch und Englisch. Weitere Infoschalter findet man am Bahnhof, in der Ankunftshalle am Flughafen G. Marconi und auf dem Messegelände Bologna Fiera. Die Touristeninformation vermittelt auch Stadttouren und bietet einen Kartenservice für Veranstaltungen.

Einfache **Stadtpläne** bekommt man ebenfalls bei Bologna Welcome, eine detailliertere Übersichtskarte bietet z. B. Istituto Geografico De Agostini (erhältlich in den Buchhandlungen, s. S. 87). Die städtischen Verkehrsbetriebe **TPER** haben Büros in der Via Marconi und am Busbahnhof.

› **Bologna Welcome,** Palazzo del Podestà ❷, Tel. +39 0516583111, www.bolognawelcome.com/en, geöffnet: Mo–Sa 9–19, So, Fei 10–17 Uhr, geschl. 25./26. Dez., 1. Jan., Ostersonntag

Die Stadt im Internet

› www.bolognatoday.it, aktuelle Nachrichten und Termine
› www.bolognamagazine.com, Lifestyle-Magazin
› www.bolognabyveg.it, Infos für Vegetarier und Veganer
› www.magazine.unibo.it, Infomagazin der Universität
› www.thelocal.it, italienische Nachrichten auf Englisch
› www.cittametropolitana.bo.it, www.comune.bologna.it: offizielle Websites der Stadt Bologna
› www.bolognawelcome.com/en: offizielle Website der Touristeninformation

Meine Literaturtipps

Der in Parma geborene, aber in Bologna ansässige Schriftsteller **Carlo Lucarelli** verfasste zahlreiche Bologna-Krimis, u. a. die Trilogie um Inspektor De Luca (1990–1996), die auch vom italienischen Sender RAI verfilmt wurde und die im faschistischen Italien spielt. Der Kommissar ermittelte in „Freie Hand für De Luca" („Carta bianca"), „Der trübe Sommer" („L'estate torbida") und „Der rote Sonntag" („Via delle Oche").

Ein weiterer namhafter Krimiautor ist **Lorenzo Machiavelli**, dessen Commissario Sarti Antonio (z. B. in „Unter den Mauern von Bologna", 2005) in der Stadt ermittelt. Beim Lesen erhält man immer auch Einblick in verborgene Ecken Bolognas, denn Machiavelli führt seinen Kommissar in die entlegensten Bogengänge und unterirdischen Kanäle.

John Grisham ließ sich von der einzigartigen Architektur und Atmosphäre Bolognas zu seinem Spionagethriller „Die Begnadigung" („The Broker", 2005) inspirieren. Sein Held, Joel Backman, findet unter den Arkaden Schutz vor Killern, die die CIA auf ihn angesetzt hat. Dabei hat er aber noch genug Zeit, die kulinarischen Besonderheiten zu probieren und sich zu verlieben.

Bolognas verwunschene Klosteranlagen und mittelalterliche Paläste mit ihren geheimnisvollen Innenhöfen sollen **Umberto Ecos** Roman „Der Name der Rose" („Il nome della rosa", 1980) inspiriert haben. Eco kam 1975 als Lektor für mittelalterliche Semiotik an die neu gegründete Bologneser Fakultät für Kunst, Musik und Darstellende Kunst (DAMS) und vertraute dem Liedermacher Francesco Guccini an, dass ihm ein Mittelalterkrimi vorschwebe. Eco blieb Bologna treu verbunden: 1992 etablierte er den ersten Kurs für Kommunikationswissenschaften an der Universität und erhielt 2016 als Ehrung das Große Siegel (Sigillum Maximum).

Im Roman „Das unendliche Blau" (2015) genießt die an Krebs erkrankte sterbende Heldin von **Annette Hohberg** das Dolce Vita von Bologna und trifft hier sogar ihre große Liebe.

Publikationen und Medien

Nur etwa ein Zehntel der Italiener liest regelmäßig eine Tageszeitung. Die wichtigsten seriösen sind der **Corriere della Sera** (www.corriere.it), **La Republica** (www.repubblica.it, mit großem Sportteil) und **La Stampa** (www.lastampa.it), gefolgt von der Sportzeitung **La Gazetta dello Sport** (www.gazzetta.it). Der Corriere und Repubblica veröffentlichen lokale Ausgaben für Bologna (http://corrieredibologna.corriere.it, http://bologna.repubblica.it/), ebenso wie die Zeitung **Il Resto del Carlino** (www.ilrestodelcarlino.it). Einen zentralen Zeitungskiosk gibt es auf der Ostseite der Piazza Maggiore. Dort erhält man ebenso wie am Bahnhof (und Flughafen) auch internationale Zeitschriften.

Internet

Bologna hat noch kein durchgängiges WLAN-Netz und bisher bieten auch nur ausgesuchte Restaurants und Cafés diesen Service an. Allerdings hat die Stadt verschiedene **Hotspots** ein-

gerichtet, wo man sich in ein kostenfreies Netz einloggen kann, so z. B. an der Piazza Maggiore ❶ und der Piazza Verdi [F4] sowie in den Bibliotheken und städtischen Museen. Unter der untenstehenden Internetadresse kann man auf einer Karte noch weitere Einrichtungen wie z. B. Cafés und Buchläden finden, die WLAN anbieten. Hotels, B&Bs und Ferienwohnungen stellen WLAN normalerweise kostenfrei oder gegen eine kleine Gebühr zur Verfügung.
› www.comune.bologna.it/wireless

Medizinische Versorgung

Wer seine **Krankenversicherungskarte** (EHIC, European Health Insurance Card) mitführt, erhält auch in Italien medizinische Versorgung. Für eine Notfallversorgung geht man in die Notaufnahmen eines Krankenhauses *(ospedale)*.

Falls **Vorkasse** geleistet werden muss, was in Italien auch mit EHIC-Karte vorkommen kann, werden die Kosten hinterher von der Krankenkasse zurückerstattet. Hierzu muss man sich vom behandelnden Arzt *(medico)* eine Bescheinigung *(richiesta)* ausstellen lassen. Die **Verständigung** mit medizinischem Personal kann ein Problem darstellen, denn oft wird nur Italienisch gesprochen. Die Botschaften und Konsulate können Ärzte mit Fremdsprachenkenntnissen vermitteln. Ein internationales Gesundheitszentrum gibt es in Mailand.

↻**157 Ospedale Maggiore,** Azienda Unità Sanitaria Locale Bologna, Largo Bartolo Nigrisoli 2, 40133 Bologna, Tel. 0513172721, www.ausl.bologna.it.
Notdienst/Erste Hilfe: Mo-Fr 11-13, Sa 8.30-12 Uhr
› **Zahnärztlicher Notdienst (**Ambulatorio odontoiatria stomatologia „Beretta"), im Ospedale Maggiore, Tel. 0516478111, Mo-Fr 11-13 Uhr
› **International Health Center Milano,** Tel. 0276340720, www.ihc.it, Mo-Fr 9-18 Uhr
↻**158** [D1] **Farmacia della Stazione,** Viale Pietro Pietramellara 22, Tel. 051246603, www.farmacia stazionebologna.it, Mo-Sa 7.30-23, So, Fei 8-22 Uhr. Apotheke mit langen Öffnungszeiten.

Mit Kindern unterwegs

Wer Bologna (und Italien generell) mit dem Nachwuchs besucht, wird zumindest mit der Ernährung wenig Probleme haben, denn Pizza, Pasta und Eis gehören bei den meisten Kindern zu den kulinarischen Favoriten. Ein Highlight könnte z. B. der Besuch im **Gelato Museum Carpigiani** (s. S. 68) sein. Hier werden verschiedene interaktive Touren angeboten, u. a. gibt es auch kindgerechte Workshops für Familien. Bei der Museumsführung lernt man viel über die lange Geschichte der Eiscremeherstellung, die Erfindung der Eiswaffel und den nachfolgenden Siegeszug des italienischen *gelato* in die ganze Welt. Danach darf man je nach gebuchter Tour entweder selbst aktiv werden oder zumindest probieren.

Ein Besuch der Motorradausstellung im **Museo Ducati** (s. S. 69) ist für ältere Kinder interessant.

In der Touristeninformation (s. S. 114) kann man verschiedene **kindgerechte Touren** buchen, zum Beispiel eine Schnitzeljagd (www.bolognawelcome.com/en/home/find-book/guided-tours-for-families-with-treasure-hunt-symbols-of-bologna). **Fahrradverleihe** (s. S. 119) bieten immer auch Kinderräder an und an einer **Radtour** entlang der alten Kanäle Bolognas haben auch Kinder Spaß.

Die verkehrsfreien Zonen in der Innenstadt sind beim Bummeln für Kinder relativ sicher, gleiches gilt für Spaziergänge durch die **Arkaden,** die ganz unterschiedliche Baustile und Deckenverzierungen haben und wo es immer viel zu bestaunen gibt. Unterhalb des Palazzo Re Enzo ist besonders die **Flüstergalerie** im Voltone del Podestà (s. S. 17) interessant. Stellt man sich hier in die Ecken und dreht sich zur Wand, kann man das Flüstern in den gegenüberliegenden Ecken hören. Das **Teatro Antonioni** bietet buntes Kindertheater, bei dem man auch ohne die italienische Sprache zu verstehen ein, zwei Stunden Spaß haben kann.

Im **Botanischen Garten** (Orto Botanico ed Erbario, s. S. 89) gibt es einiges zu schauen und in den **Giardini Margherita** ❷ ist die größte Attraktion der See, auf dem man im Sommer auch Bootfahren kann.

Erfrischung im kühlen Nass bieten verschiedene öffentliche **Hallenbäder** und ein Freibad. Unweit von Ravenna findet man zudem ausreichend Badestrände und den großen und sehr beliebten Freizeitpark **Mirabilandia.**

●159 **Mirabilandia,** Parco della Standiana Srl, 48125 Savio – Loc. Mirabilandia (SS16, km 162), http://mirabilandia.it/en, geöffnet: Mitte April – Ende Okt.

🅂160 **Piscina Communale Cavina,** Via Biancolelli 36, 40132 Bologna, Borgo Panigale, Tel. 051404312, www.sogese.com/piscine/cavina, geöffnet: Mo 9–15, Di, Do 6–15, Fr 12–15, Sa 8–15, 17–20, Mo, Di, Do, Fr 20.30–22.30, Mi 9–22.30, So 9–18 Uhr. Hallenbad und Freibad im westlichen Stadtteil Borgo Panigale unweit des Museo Ducati.

⊙161 [H7] **Teatro Antoniano,** Via Guido Guinizelli 3 ,Tel. 0513940212, www.antoniano.it, Kartenvorverkauf: Fr 16–19, So 10–11, 15–16 Uhr, online oder über Bologna Welcome

Notfälle

› **Notruf:** 112
› **Polizei:** 113
› **Rettungswagen:** 118
› **Feuerwehr:** 115
🚔162 [D5] **Polizia del Stato,** Questura di Bologna, Piazza Galileo Galilei 7, 40123 Bologna, Tel. 0516401111, http://questure.poliziadistato.it/Bologna
› **Fundbüro Flughafen,** oggettismarriti@bologna-airport.it;
› **Fundbüro Shuttlebusse,** oggetti@marconihandling.it
●163 **Städtisches Fundbüro (Ufficio Oggetti rinvenuti),** Piazza Liber Paradisus, Tel. 0512197070, Mo, Mi, Do, Fr 8.30–12.30, Di 8.30–12.30, 14.30–16.30 Uhr

Kartensperrung

Bei Verlust der Debit-(EC-), Kredit- oder SIM-Karte gibt es für Kartensperrungen eine **deutsche Zentralnummer** (unbedingt vor der Reise klären, ob die eigene Bank bzw. der jeweilige Mobilfunkanbieter diesem Notrufsystem angeschlossen ist). Aber Achtung: Mit der telefonischen Sperrung sind die Bezahlkarten zwar für die Bezahlung/Geldabhebung mit der PIN gesperrt, nicht jedoch für das **Lastschriftverfahren mit Unterschrift.** Man sollte daher auf jeden Fall den Verlust zusätzlich bei der Polizei zur Anzeige bringen, um gegebenenfalls auftretende Ansprüche zurückweisen zu können.

In Österreich und der Schweiz gibt es keine zentrale Sperrnummer, daher sollten sich Besitzer von in diesen Ländern ausgestellten Debit-(EC-) oder Kreditkarten vor der Abreise bei ihrem Kreditinstitut über den zuständigen Sperrnotruf informieren.

Generell sollte man sich immer **die wichtigsten Daten** wie Kartennummer und Ausstellungsdatum **separat notieren,** da diese unter Umständen abgefragt werden.

› **Deutscher Sperrnotruf:** Tel. +49 116116 oder Tel. +49 3040504050
› **Weitere Infos:** www.kartensicherheit.de, www.sperr-notruf.de

Öffnungszeiten

Die meisten Geschäfte in Italien machen eine längere Mittagspause. Die **Kernöffnungszeiten** sind daher Mo bis Sa von 9 bis 12.30 und 15.30 bis 19.30 Uhr. Banken sind von Mo bis Fr zwischen 8.30 und 13.30 Uhr geöffnet, nur manchmal auch am Nachmittag. In Bologna haben einige **Geschäfte im Zentrum** auch sonntags geöffnet. **Einkaufszentren** machen meist keine Mittagspause und haben abends teils bis 22 Uhr geöffnet. **Museen** bleiben in der Regel am Montag geschlossen.

Post

Die italienische Post (**Poste Italiane**) hat nicht den besten Ruf, wenn es um die schnelle Beförderung von Urlaubspost geht: Oft kommen Postkarten und Briefe ins Ausland mit Verspätung oder gar nicht an. Wer auf Nummer sicher gehen will, muss mehr zahlen: Das **Porto** für einen Brief oder eine Postkarte ins Ausland kostet im **Normaltarif** *(Postamail Internazionale)* 1 €, mit **erster Klasse** *(Postapriority Internazionale)* 3,50 €. Die **Briefkästen** sind in Italien rot.

Briefmarken *(francobolli)* erhält man auch im Tabacchi-Geschäft bzw. an manchen Kiosken, die Postkarten verkaufen. Achtung: Im Tabacchi-Laden sollte man vermeiden, sogenannte GPS-Marken zu kaufen. Diese kosten mehr und werden von der italienischen Post nicht befördert. Sie sind also überflüssig.

Italiener benutzen die normalen Postfilialen hauptsächlich zum Bezahlen von Rechnungen und für die Postbank.

✉ **164** [E5] **Hauptpost,** Piazza Minghetti 4, Tel. 0512756736, www.poste.it, geöffnet: Mo–Fr 8.30–19, Sa 8.30–12.30 Uhr

Radfahren

Bologna ist ideal für Radfahrer. Gleiches gilt auch für andere Orte in der flachen Po-Ebene und natürlich die verkehrsberuhigten Innenstädte von Ferrara (s. S. 46) und Ravenna (s. S. 54). Die meisten Fahrräder, mit denen die Einheimischen hier unterwegs sind, sind **einfache Drahtesel,** auch beim Fahrradverleih sollte man daher nicht unbedingt Luxusräder erwarten. Das Fahrrad ist eher ein Mittel zum Zweck als ein Liebhaberstück und wird vom Student ebenso wie von der Oma genutzt. Der Radverkehr in den **verkehrsberuhigten Zonen** ist nicht wirklich geregelt: Radfahrer fah-

▷ *Die Einheimischen sind meist mit einfachen Drahteseln unterwegs*

ren einfach überall dort, wo sie hingelangen. Dies sollte man beim Bummeln als Fußgänger beachten.
› **VeloBÒ.** Die App gibt Infos über Fahrradwege in Bologna (kostenlos für Android).

Fahrradverleih

- **165** [E2] **BIKEinBO,** Via dell'Indipendenza 69, Tel. 3496452314, www.bikeinbo.it, geöffnet: 7-20 Uhr, Leihgebühr (1 Std.) Erw. 13 €, Kinder 10 €. Es werden auch Radtouren angeboten (2 Std. 30 €).
- **166 Tommy Bici,** Via Azzurra 36/b, Tel. 051341218, www.tommybici.com, Mo-Fr 9-12, 16-18.30, Sa 9-12 Uhr. Leihgebühr halber/ganzer Tag 10 €/20 €, Mountainbike/Elektrobike 15 €/29 €, Kinder 5 €/10 €
- **167** [E1] **Velostazione Dynamo,** Dynamo Soc. Cooperativa a R.L., Via dell' Indipendenza 71/z, Tel. 05119900462, https://dynamo.bo.it/en, Mo-Fr 6-22, Sa, So 8-22 Uhr, 2 Std. 5 €, halber Tag 8 €. Der Laden veranstaltet auch geführte Radtouren: Biking Bologna, April-Okt. So ab 10 Uhr, Erw. 25 €, Kinder 12,50 € (Kinderfahrrad unter 12 Jahren), 5 € für Kinder, die im Kindersitz mitfahren.

Sicherheit

Im Innenstadtbereich von Bologna braucht sich niemand bedroht zu fühlen. Im Stadtgewühl stellen **Taschendiebe** wohl die größte Gefahr dar. Man sollte die üblichen Sicherheitsvorkehrungen beachten und Kopien von wichtigen Dokumenten machen. Diebstähle sollten bei der Polizei angezeigt werden (s. S. 117).

In der Nähe des Bahnhofs und auf größeren Parkplätzen tauchen oft **Bettler oder Bauchladenverkäufer** auf, die zu **organisierten Banden** gehören und recht aufdringlich werden können. Am besten lässt man sich hier auf keine Diskussionen ein, besonders wenn man mit mehreren Personen konfrontiert ist. Im Zweifelsfall ruft man die Carabinieri.

Es ist wichtig, **keine Wertgegenstände im Auto zu lassen.** Leider sind Autos (bzw. Wohnmobile) mit fremden Kennzeichen begehrte Einbruchsobjekte, daher sollte man nur auf gesicherten bzw. überwachten Parkplätzen parken.

Der **Drogenkonsum** ist in Bologna vor allem unter Jugendlichen und un-

Infos für LGBT+

Bologna ist eine der LGBT-freundlichsten Städte in Italien und das gut organisierte **Cassero LGBT Center** die primäre Anlaufstelle. Hier ist man mit allen Anfragen (z. B. zur Zimmervermittlung) behilflich. Das Zentrum organisiert alljährlich Ende Okt./Anfang Nov. das **Gender Bender Festival** (s. S. 92) und im Juli findet **Bologna Pride** (www.bolognapride.it) statt.

Infostellen

168 *[C2]* **Cassero LGBT Center,** Via Don Minzoni 18, Tel. 0510957200, www.cassero.it, www.arcigay.it/bologna, Büro: Mo 10-13, 14-22, Di 10-13, 14-23, Mi-Fr 10-13, 14-19 Uhr. Info- und Anlaufzentrum für die Szene mit Eventkalender auf der Website. Im Nachtklub des Zentrums finden regelmäßig House- und Disco-Nächte statt.

169 *[A4]* **International LGBT Bookshop,** c/o Senape Vivaio Urbano, Via Santa Croce 10/ABC, Tel. 051229466, Mi-Fr 10-13, 16-19.30 Uhr. Auf Inhalte, die für die LGBT-Szene interessant sind, spezialisierter Buchladen.

170 *[D2]* **MIT - Movimento Identità Transessuale,** Via Polese 15, Tel. 051271666, www.mit-italia.it, Mo-Do 10-16, Fr 10-14 Uhr. Anlaufstelle für Transsexuelle, Transvestiten und Transgender. Die Organisation veranstaltet alljährlich im Cinema Lumière das Filmfestival Divergenti (www.mit-italia.it/divergenti).

Klubs und Cafés

171 *[F3]* **Barattolo Café Bar,** Via del Borgo di San Pietro 16/a, Facebook, geöffnet: tgl. 18-3 Uhr. Die Café-Bar ist laut eigener Aussage Treffpunkt für „rebellische Seelen aus der anarchistischen Lesbenszene".

172 **Red Club,** Via del Tipografo 2, Tel. 0516011241, www.redbologna.it, geöffnet: je nach Veranstaltung. Dieser Klub in einem Industriegebiet hat verschiedene Themennächte im Programm und öffnet im Sommer auch die Außenterrasse mit Swimmingpool. Hier verkehrt ein überwiegend männliches Publikum.

---

ter den Studenten verbreitet. Innerhalb der Stadtgrenzen wird der Konsum von Cannabis in kleinen Mengen mehr oder weniger auch von der Polizei toleriert.

Größere kriminelle Verstöße werden allerdings streng geahndet, denn wer sich mit Drogenhändlern einlässt, wird mitschuldig am organisierten Verbrechen der Cosa Nostra, die den Drogenhandel in der Stadt kontrolliert.

Sprache

Bologna ist bisher von Touristenströmen verschont geblieben, was viele Vorteile hat. Einer der Nachteile ist allerdings, dass in den gastronomischen und kulturellen Einrichtungen oft nur **Italienisch** gesprochen wird und z. B. auch Speisekarten nicht in anderen Sprachen zu erhalten sind. Gleiches gilt für Informationsseiten im Internet, die nur selten einen englischen Text aufweisen und dann auch nur in verkürzter Form. Deutschsprachige Übersetzungen findet man so gut wie gar nicht.

In **Hotels** spricht das Personal teils gut und teils gebrochen **Englisch** oder auch **Deutsch**. Es stehen nicht immer fremdsprachige Fernsehsender zur Verfügung.

Stadttouren

Über die Touristeninformation (www.bolognawelcome.com/en/home/find-book) kann man eine Reihe von **geführten Touren** buchen (ca. 2 Std.), vom einfachen Stadtrundgang bis zu thematischen Touren wie einen kulinarischen Rundgang oder eine Führung zu den Türmen Bolognas. Wer die teurere Version der Bologna Welcome Card (s. S. 113) für 30 € kauft, erhält eine kostenfreie Stadtrundfahrt mit dem City Red Bus. Es gibt auch private Touranbieter, die allerdings teilweise recht teuer sind.

› **Taste Bologna**, Via Filippo Turati 106, 40134 Bologna, Tel. 3489346282, www.tastebologna.net. Kulinarische Wanderung durch die Stadt.
› **Tours by Locals**, www.toursbylocals.com/Bologna-Tours. U. a. eine dreistündige Tour mit erfahrenem Reiseleiter, ca. 35 €.

Stadtrundfahrten veranstaltet der **City Red Bus**, der von der Ostseite der Piazza Maggiore ❶ losfährt. Die Rundfahrten in diesem Hop-on-hop-off-Bus sind in der Bologna Welcome Card eingeschlossen. Es werden zwei verschiedene Routen angeboten und es gibt auch eine abendliche Rundfahrt. Der **San Luca Express** ist ein kleines Bähnchen, das eine kur-ze Stadtrundfahrt durch den Westen Bolognas mit der Fahrt hinauf zur Basilica di San Luca ㉙ kombiniert. Inzwischen gibt es weitere Bähnchen, die andere Routen durch die Stadt fahren. **Audioguides** für Rundfahrten sind meist **in deutscher Sprache** erhältlich.

› **City Red Bus**, http://cityredbus.com/category/citta/bologna, City Tour tgl., im Sommer etwa halbstündlich, im Winter stündlich, Erw. 14 €, erm. 7 € (6–10 Jahre, Behinderte), Kinder 3 € (0–5 Jahre)
› **San Luca Express**, http://cityredbus.com/en/san-luca-express, Basilica di San Luca Tour tgl., im Sommer etwa halbstündlich, im Winter stündlich, Erw. 10 €, erm. 5 € (6–10 Jahre, Behinderte), Kinder 3 € (0–5 Jahre)
› **Kombiticket** für beide Touren: Erw. 21 €, erm. 10 € (gültig für 10 Tage)

Telefonieren

Die **Landesvorwahl** von Italien ist 0039. Innerhalb Italiens ist die jeweilige „Ortsvorwahl" (für Bologna 051) inkl. der einleitenden 0 Teil der regulären Telefonnummer und **muss immer mitgewählt werden**. Dies gilt auch für Anrufe aus dem Ausland. Italienische Handynummern beginnen mit einer 3 (ohne 0).

Es gibt fast keine **Telefonzellen**, die mit Münzen funktionieren. Man kann jedoch in Bars, Tabakgeschäften, Postämtern und an Zeitungski-

Vorwahlen
› **Italien**: 0039
› **Deutschland**: 0049
› **Österreich**: 0043
› **Schweiz**: 0041

osken eine Telefonkarte *(carta telefonica)* kaufen. Die **Gelben Seiten** heißen auf Italienisch Pagine Gialle (www.paginegialle.it).

Seit Juni 2017 gibt es in der EU keine **Roaminggebühren** mehr. Damit wird das Telefonieren und Surfen mit dem Handy im EU-Ausland so günstig wie zu Hause – es sei denn, man nutzt das Handy im Ausland über einen längeren Zeitraum hinweg, dann können je nach Anbieter Nutzungsobergrenzen gelten.

Unterkunft

Preiswerte Unterkünfte sind in der Messestadt Bologna eher dünn gesät. Leider überschneiden sich die **Hauptmessezeiten** März bis Mai und September bis Dezember auch für viele Reisende mit den Feriendaten. In dieser Zeit erhöhen sich die Preise für fast alle Unterkünfte.

Man sollte sich nicht ausschließlich auf Buchungsseiten verlassen, denn viele gute und preiswerte Alternativen tauchen dort erst gar nicht auf. Auf der Website der Touristeninformation Bologna Welcome (s. S. 114) findet man eine gute Auswahl an preiswerteren Unterkünften wie **B&Bs** und kleineren **Hotels**, die man auch gleich online buchen kann. Für jede Hotelübernachtung fällt je nach Unterkunft pro Person eine **Kurtaxe** von 1 bis 4 € an.

Generell sollte man beachten, dass das **italienische Sternesystem** von dem anderer europäischer Länder abweicht bzw. nicht sehr streng geregelt ist. So müssen z. B. Privatbäder erst ab vier Sternen automatisch zur Verfügung gestellt werden. Obwohl Ausstattung, Komfort und Service individuell variieren, kann man bei we-

> **EXTRAINFOS**
>
> ### Buchungsportale
> Neben Buchungsportalen für **Hotels** (z. B. www.booking.com, www.hrs.de oder www.trivago.de) bzw. für **Hostels** (z. B. www.hostelworld.de oder www.hostelbookers.de) gibt es auch Anbieter, bei denen man **Privatunterkünfte** buchen kann. Portale wie www.airbnb.de, www.wimdu.de oder www.9flats.com vermitteln Wohnungen, Zimmer oder auch nur einen Schlafplatz auf einer Couch. Diese oft recht günstigen Übernachtungsmöglichkeiten sind nicht unumstritten, weil manchmal normale Wohnungen gewerblich missbraucht werden. Wenn die Stadt regulierend eingreift, kann das zu kurzfristigen Schließungen führen. Eine Buchung unterliegt also einem gewissen Restrisiko.
>
> ### Trinkwasser
> Das Leitungswasser in Bologna kann man in Hotels und Privatunterkünften unbedenklich trinken.

niger als drei Sternen in der Regel nur noch eine sehr einfache Unterbringung erwarten. Da die Italiener heiße Sommer gewohnt sind, werden oft nur sehr dünne **Bettdecken** bzw. sogar nur Laken mit einer Wolldecke angeboten. Schon im Oktober wird die Heizung voll aufgedreht, im Sommer muss man stattdessen mit recht kalten **Klimaanlagen** rechnen.

Wer früh genug bucht, kann durchaus **Spartarife** ergattern. Außerhalb der Stadt, in der Nähe des Messegeländes Bologna Fiera, gibt es einige Businesshotels, die vor allem im Juli und August preiswerte Wochenend- oder Wochentarife anbieten. Allerdings sollte man hier unbedingt einen fahrbaren Untersatz haben, denn diese Hotels liegen weit vom Stadtkern entfernt und sind entweder gar nicht oder nur schlecht mit öffentlichen Verkehrsmitteln zu erreichen. Zudem gehört das Viertel nordöstlich der Messe (z. B. Viale Europa) zum Rotlichtbezirk der Stadt (Straßenstrich) und hier möchte man dann vielleicht auch nicht unbedingt abends herumlaufen oder auf den Bus warten.

Ferienwohnungen bieten eine gute, preiswertere Alternative zu Hotels und hiervon gibt es in Bologna eine große Auswahl – auch in Fußnähe zur Innenstadt.

Wer mit dem Auto reist, sollte jedoch immer darauf achten, dass sichere **Parkmöglichkeiten** angeboten werden. Zum einen gibt es kaum Parkplätze in der Innenstadt, auf denen man 24 Std. parken kann, zum anderen darf man ohne Sondergenehmigung nicht in die verkehrsberuhigte Zone fahren. Es ist daher sinnvoll, das Auto beim Hotel geparkt zu lassen, um unnötige Strafzettel zu vermeiden.

Im Umland von Bologna gibt es den in Italien weit verbreiteten **Agriturismo**, d. h. Ferien auf dem Land, in einer Ferienwohnung oder einem Ferienhaus. Die Unterkünfte werden von staatlich geförderten landwirtschaftlichen Betrieben zur Verfügung gestellt und bieten variablen Komfort – von der einfachen Herberge bis zum Chalet mit Swimmingpool. Die Preise variieren dementsprechend. Da die Unterkünfte abseits liegen, wird oft auch Halb- oder Vollpension angeboten.

Nordöstlich der Autobahn A14 liegt der einzige **Campingplatz** Bolognas mit Stellplätzen und Chalets von sehr einfachem Komfort. Die nur 60 km entfernt liegende Adriaküste ist zwar mit Campingplätzen und Hotels übersät, man muss aber für die Sommerferien schon lange im Voraus buchen, da im August auch die Italiener ihr Domizil ans Meer verlegen. Wer nicht zur Hauptsaison reist, sollte beachten, dass fast alle Campingplätze und die meisten Hotels an der Küste nach Saisonende von Oktober bis April den Betrieb einstellen und erst zu Saisonbeginn wieder eröffnen.

Einige nützliche Websites für die Unterkunftssuche sind:
› www.bolognawelcome.com/en/home/find-book/accommodation
› www.emiliaromagnaturismo.it
› www.ferienwohnung-italien.de, www.ferienwohnung.de, www.fewo-direkt.de
› www.bed-and-breakfast.it

Ausgefallene Unterkünfte

174 Agriturismo Pozzo dei Desideri €€, Via Cantapoiana 5/a, 40054 Budrio, Tel. 051807063, http://i32821.wixsite.com/pozzodeidesideri. **Im Grünen:** Agriturismo im Landhaus mit Swimmingpool, direkt zwischen Bologna und Ferrara im Po-Delta-Nationalpark.

175 Casa Fluò Relais €€, Via Paderno 9, Tel. 051589484, www.casafluo.it/en. **Kulturprogramm eingeschlossen:** Agriturismo in einem sehr persönlichen kleinen Hotel auf den grünen Hügeln der Bologneser Apenninen. Angegliedert ist das Restaurant Fienile Fluò. Hier finden im Sommer auch Theatervorstellungen statt.

Preiskategorien

€	50–90 €
€€	90–120 €
€€€	ab 120 €

Die Preise verstehen sich für ein DZ mit Frühstück (falls nicht anders angegeben), aber zuzüglich Kurtaxe und Parkkosten.

🏠**176** [E3] **Residenza San Martino** €, Chiesa di San Martino, Via Oberdan 25, Tel. 051239443, www.residenza sanmartino.com. **Im Kloster:** Dieses B&B ist in einem Karmeliterorden untergebracht. Die Zimmer sind einfach, bieten aber für die zentrale Lage und das historische Ambiente gleich neben der Chiesa di San Martino ein sehr gutes Preis-Leistungs-Verhältnis.

🏠**177** [E4] **Torre Prendiparte** €€€, Piazzetta Prendiparte 5, Tel. Tel. 3355616858 (Matteo Giovanardi), www.prendiparte.it, Preise auf Anfrage (ca. 250 € pro Nacht). **Hoch oben:** Zu den Turmgemächern führen etliche Stufen. Es gibt einzelne Zimmer und eine Ferienwohnung mit Balkon.

Drei- bis Viersternehotels

🏠**178** [D2] **Albergo Atlantic** €€, Via Galliera 46, Tel. 051248488, www.hotel atlanticbologna.it, **Geheimnisvoll:** In dem Stadthaus mit modernen, kleinen Zimmern war einst ein Nonnenkloster untergebracht. Zentral, aber ruhig gelegen.

🏠**179** [E5] **Albergo delle Drapperie** €€€, Via Drapperie 5, Tel. 051223955, www.albergodrapperie.com. **Haustierfreundlich:** Mitten im Quadrilatero (in der ZTL-Zone) bietet dieses kleine Hotel guten Komfort und man kann seinen Vierbeiner mitbringen. Parkmöglichkeit nahebei.

🏠**180** [C2] **Astoria Hotel** €€, Via Fratelli Rosselli 14, Tel. 051521410, www.astoria.bo.it/en. **Hotel und Ferienwohnung:** Das 3-Sterne-Hotel Astoria bietet auch drei Ferienwohnungen in verschiedenen Preislagen an.

🏠**181** [D7] **B&B Casa Miramonte** €, Pallazo Trevi, Via Miramonte 11, www.miramonte-bologna.it. **Charmant:** Boutiquehotel in einer Villa. Parkplatz nahebei.

🏠**182** [F4] **Hotel San Donato** €, Via Zamboni 16, Tel. 051235395, www.hotelsandonato.it/en/home-page.aspx. **Sauber und einfach:** Hotel der Kette Best Western mitten im Studentenviertel.

🏠**183** [E2] **I Portici** €€€, Via dell'Indipendenza 69, Tel. 05142185, www.iporticihotel.com. **Zentral und elegant:** modernes Viersternehotel, in dem sich außerdem das einzige Restaurant Bolognas mit Michelin-Stern befindet. Mit Parkplatz.

🏠**184** [D2] **Nuovo Hotel del Porto** €€, Via del Porto 6, Tel. 051247926, www.nuovohoteldelporto.com. **Gutes Früh-**

stücksbüfett: angenehmes kleines Hotel mit ausreichendem Komfort in Fußnähe zur Innenstadt. Mit Parkplatz.

🏨 185 [D1] **UNA Hotel** €€, Viale Pietro Pietramellara 41/43, Tel. 05160801, www.unahotelbologna.it. **Zentral am Bahnhof:** modernes Hotel mit italienischem Frühstück und Parkplatz.

B&Bs und Ferienwohnungen

🏨 186 [D3] **Appartamento Galliera** €€, Via Galliera 2, Tel. 3355424995, www.bed-and-breakfast.it/it/emilia-romagna/appartamento-galliera-bologna/21723. **Offener Wohnbereich:** zweistöckige Ferienwohnung mit offenem Wohnbereich für fünf Personen. Mit Parkplatz.

🏨 187 [C2] **B&B Benelli** €-€€€, Via del Porto 30, Tel. 051252138, www.bb-benelli.it. **Unterm Dach:** helles, modernes, zentral gelegenes Mansardenzimmer. Italienisches Frühstück mit Auswahl an Wurstwaren und Käse.

● 188 [F6] **B&B Isabella** €€, Via della Braina 6, Tel. 051233053, www.bbisabella.it/de. **Mit Garten:** Ferienapartments mit Kochgelegenheit, Waschmaschine, etc. Kinder unter vier Jahren frei.

🏨 189 [C7] **B&B Margherita** €€, Mura di Porta d'Azeglio 5, Süden, Tel. 3333939951, http://bebmargherita.altervista.org. **Freundlich:** Die Zimmer sind hübsch, aber das italienische Frühstück aus verpackten Keksen und *dolci* ist eher mager.

🏨 190 [D4] **B&B Parigi** €, Via Parigi 4, Tel. 3484580970, www.bebparigi.it. **Modern und sehr zentral:** nette Zimmer, italienisches Frühstück, Parkmöglichkeit nahebei.

🏨 191 **B&B Rizzoli** €, Villa Regina Bologna, Via San Mamolo 155, Tel. 3896444228, www.bebrizzolibologna.net. **Zweckmäßig:** einfache Pension mit italienischem Frühstück.

🏨 192 [C5] **Bologna nel Cuore** €€-€€€, Via Cesare Battisti 29, Tel. 05126944, www.bolognanelcuore.it. **Historisch:** In diesem alten Palazzo gibt es Zimmer und Ferienwohnungen. Mit Parkplatz.

🏨 193 [G6] **San Petronio Vecchio** €-€€, Via San Petronio Vecchio 33, Tel. 3452738526, www.sanpetroniovecchio.it. **Zentral und modern:** im Zentrum gelegenes B&B im ersten Stock eines Wohnhauses mit Parkplatz, kein Lift.

🏨 194 [G6] **Santo Stefano** €€, Via Santo Stefano 84, Tel. 051308458, www.bedandbreakfastsantostefano.com. **Empfehlenswert:** schön eingerichtete, sehr saubere moderne Pension nahe den Giardini Margherita. Reichhaltiges Frühstück. In der verkehrsberuhigten Zone (ZTL) – Parkplatz nahebei.

Hostels und Studentenwohnheime

🏨 195 [D4] **Albergo Centrale** €, Via della Zecca 2, www.albergocentralebologna.it, Tel. 0510063937. **Zentral gelegen:** nur 300 m von der Piazza Maggiore. EZ, DZ und behindertengerechte Räume.

🏨 196 [F6] **Camplus Guest San Giovanni in Monte** €, Via de' Chiari, Tel. 051276711, www.camplusguest.it/hotel/bologna-bononia. **Bestes Preis-Leistungs-Verhältnis:** Das Studentenwohnheim bietet das ganze Jahr über preiswerte, einfache, aber modern eingerichtete Zimmer an, auch für Familien. Parkplatz 5 € pro Tag. Es gibt noch zwei weitere Wohnheime etwas weiter außerhalb.

🏨 197 [F3] **Dopa Hostel** €, Via Irnerio 41, Tel. 0510952461, www.dopahostel.com. **Einfach und modern:** EZ, DZ, Drei- und Sechsbettzimmer.

◁ *Komfort auf kleinstem Raum bietet die Albergo Atlantic*

Camping

⚠ **198 Centro Turistico Città di Bologna** €, Via Romita 12, 40127 Bologna, Tel. 051325016, www.hotelcamping.com/index.aspx, ganzjährig. Anbindung: Der Bus Nr. 68 fährt von 9 bis 21 Uhr alle zwei Stunden bis zum Bahnhof in Bologna. Es werden Wiesenplätze und schattige Stellplätze angeboten. Zudem kann man kleine Bungalows und Chalets mit sehr einfachem Standard mieten.

Verhaltenstipps

Eine freundliche **Begrüßung** ist in Italien gern gesehen. Dabei hält man sich an die förmlichere Variante „**Buon giorno**" („Guten Tag") oder „**Buona sera**" („Guten Abend"). Ein saloppes „**Ciao**" benutzt man nur bei jungen Leuten oder Freunden und Bekannten. Die höflichen Umgangsformen der Italiener sollte man erwidern, indem man die wichtigsten Formeln, wie „**Per favore**" („Bitte") oder „**Grazie**" („Danke") lernt.

Wer sich in einem **Restaurant** niederlässt, von dem erwartet man, dass er mindestens einen Hauptgang *(Secondo)* und eine Beilage *(Contorno)* oder zumindest eine Vorspeise *(Primo)* wie einen Salat sowie ein bis zwei Getränke konsumiert. Man darf sich nicht wundern, wenn der Kellner unmutig reagiert, wenn man lediglich eine Pizza und sonst gar nichts bestellt.

Norditaliener legen im Allgemeinen Wert auf gute **Kleidung** und werden nicht im Unterhemd oder mit nacktem Oberkörper in einer Gaststätte einkehren. Gleiches erwartet man auch von Touristen. Badebekleidung wird innerhalb von italienischen Städten nirgendwo gern auf der Straße gesehen – auch nicht in einer Studentenstadt wie Bologna. Selbst an Badestränden wird „oben ohne" meist nicht gern gesehen. Obwohl dies nicht kontrolliert wird, kann es passieren, dass man an einem Strand voller Einheimischer, an dem auch Kinder herumtollen, empörte Blicke erntet. Viele Italiener sind religiöse Menschen und man sollte daher auch bei Kirchenbesichtigungen nicht zu freizügig gekleidet daherkommen.

Die Italiener sind für ihre hitzige Art beim **Autofahren** bekannt. Es wird oft gehupt, wenn es nicht schnell genug geht. Als Ausländer sollte man hier tief Luft holen und gelassen reagieren. Auf keinen Fall sollte man sich auf einen Streit einlassen, denn dabei zieht man den Kürzeren.

Verkehrsmittel

Bus

Den Stadtverkehr regelt **TPER** (Trasporto Passeggeri Emilia-Romagna). Das Hauptverkehrsmittel innerhalb der Stadt Bologna sind **Stadtbusse**, die den gesamten Stadtbezirk und die Randbezirke abdecken. Freitags und samstags fahren auch Nachtbusse. Ein **Einzelticket** *(biglietto orario)* ist für 75 Min. inklusive Umsteigen gültig und kostet 1,30 €. Ein **Tagesticket** *(giornaliero)* kostet 5 € und ein **Citypass** (10 Fahrten) 12 €. Tickets *(biglietti)* erhält man an den Automaten im Bahnhof, im Tabacci-Geschäft und an Kiosken. Sie müssen beim Einstieg in den Bus an einem Automaten **entwertet werden**. In der **Bologna Welcome Card** (s. S. 113) sind Busfahrten eingeschlossen.

Busse fahren Haltestellen an, die mit den Busnummern markiert sind.

Verkehrsmittel

Zentrale Haltestellen finden sich z. B. am Bahnhof und an der Porta Galliera [E1] bzw. an der Piazza Maggiore ❶ (Via Ugo Bassi).

Busfahrpläne kann man auf der Website des **TPER** herunterladen. Wer Schwierigkeiten hat, sich durch die Onlinepläne zu wühlen, kann sich in der Touristeninformation (s. S. 114) eine Route ausarbeiten lassen. Hilfreich sind auch die Linienpläne, die man ebenfalls auf der Website des TPER herunterladen kann.

- **199** [C4] **TPER**, Via Marconi, Ecke Via Lame, Tel. 051290290, www.tper.it, Mo-Sa 7-19, So, Fei 13-19 Uhr. Ein weiteres Büro findet man im Busbahnhof an der Piazza XX Settembre. Busnetzplan und Fahrpläne unter: www.tper.it/orari/linee, www.tper.it/percorsi-orari/mappe
- ❯ **WeBus**, http://webus.bo.it. Hier findet man Informationen über Busse in der Stadt inklusive Fahrpläne, Haltestellen und Verspätungen.

△ *Viele Buslinien fahren von der Piazza Maggiore* ❶ *ab*

Bahn

Der **Hauptbahnhof von Bologna** (Bologna Centrale) ist ein wichtiger Verbindungsbahnhof zwischen Nord- und Süditalien und befindet sich am Nordende der Via dell'Indipendenza an der Piazza delle Medaglie d'Oro. Außer ihm gibt es weitere Stationen, die das Metropolgebiet abdecken.

Auf dem S-Bahn-ähnlichen Streckennetz **SFM** gelangt man vom Bologna Centrale in die Orte der Metropolregion und andere Städten der Emilia-Romagna wie Ferrara, Imola und Modena. Über das regionale Netz **FER** erreicht man vom Hauptbahnhof aus ebenfalls viele Orte in der Emilia-Romagna, darunter auch Ferrara und Ravenna (nach Ferrara 4,50 €).

- **200** [D1] **Bologna Centrale**, Piazza delle Medaglie d'Oro 1, www.bolognacentrale.it
- ❯ **FER**, Ferrovie Emilia-Romagna, www.fer.it
- ❯ **SFM**, Servizio Ferroviario Metropolitano di Bologna, www.sfmbo.it (hier gibt es auch ein PDF des Netzplans)

Taxis

In Bologna sind Taxikosten per Verordnung festgelegt: Starttarif 3 € (nachts 5 €), danach 1,05 bis 1,15 € pro km.

> **C.A.T. Consorzio Autonomo Taxisti,** Tel. 0514590, http://taxibologna.it. Hier kann man ein Taxi auch per SMS bestellen (Tel. 3333330749).
> **COTABO,** Tel. 051 372727, www.cotabo.it. Bei der Firma kann man Taxis auch online bestellen oder sich sogar eine App (TaxiClick, kostenlos iOS und Android) herunterladen.

Wetter und Reisezeit

Bologna hat ein **gemäßigtes, warmes Klima** und ist ein **ganzjähriges Reiseziel**. Die **beste Reisezeit** ist von April bis September. Schon im April steigt das Thermometer teilweise bis über 25 °C und selbst im Oktober sind Temperaturen um 20 °C keine Seltenheit. Der kälteste Monat ist der Januar, wenn die Temperaturen auf bis zu 0 °C absinken.

Es herrscht relativ **hohe Luftfeuchtigkeit** und in den Wintermonaten von November bis Februar muss man mit regelmäßigen Niederschlägen rechnen, d. h. mehr als acht Regentage pro Monat. Die trockensten Monate sind Juli und August, wenn die Temperaturen am Tag über 40 °C steigen können. Nachts kühlt es dann bis auf höchstens 20 °C ab.

Im heißesten Monat **August** beginnt für die meisten Italiener eine vierwöchige **Sommerpause**. Nicht nur die Studenten verlassen dann die Stadt, auch Geschäfte werden geschlossen und man fährt ans Meer. Für Daheimgebliebene und Urlauber werden dann viele **Sommerveranstaltungen** in der Stadt angeboten. Auch in den trockenen Monaten muss man mit ca. fünf Regentagen pro Monat rechnen.

Im Spätherbst begünstigt das im Po-Delta vorherrschende feuchte Klima beim Zusammentreffen von warmer und kalter Luft dichte, tief hängende **Nebelschwaden,** von denen besonders Ferrara, aber auch das Stadtgebiet von Bologna betroffen sein können.

Durchschnitt	**Wetter in Bologna**											
Maximale Temperatur	5°	8°	13°	18°	23°	27°	30°	29°	25°	19°	11°	6°
Minimale Temperatur	–2°	1°	4°	8°	12°	16°	18°	18°	15°	10°	4°	0°
Regentage	7	6	8	7	8	7	5	6	5	7	8	7
	Jan	Febr	März	Apr	Mai	Juni	Juli	Aug	Sept	Okt	Nov	Dez

ANHANG

Kleine Sprachhilfe Italienisch

Die Sprachhilfe entstammt den Kauderwelsch-Sprachführern „**Italienisch – Wort für Wort**" und „**Italienisch kulinarisch**" aus dem Reise Know-How Verlag.

Aussprache

Hier sind diejenigen Buchstaben(kombinationen) aufgeführt, deren Aussprache abweichend vom Deutschen ist bzw. sein kann.

ie,	Doppellaute werden immer	*gn*	wie „nj" in „Tanja"
ai, eu	getrennt ausgesprochen, also „i-e", „a-i", „e-u".	*h*	stumm, wird nicht gesprochen
		r	gerolltes Zungenspitzen-r
c	wie „k" vor den Selbstlauten a, o, u; wie „tsch" in „Matsch" vor den Selbstlauten e, i	*s*	am Wortanfang immer stimmloses „s" wie in „Bus"; in der Wortmitte zwischen Selbstlauten stimmhaftes „s" wie in „Rose"
ch	wie „k"		
g	wie „g" vor den Selbstlauten a, o, u; wie „dsch" in „Dschungel" vor den Selbstlauten e, i	*st*	spitzes „st" wie in „Hast"
		v	wie „v" in „Vase"
gh	wie „g"	*z*	stimmhaftes „ds" wie in „Rundsaal"
gli	wie „lj"		

Zahlen

0	*zero*	16	*sedici*	50	*cinquanta*
1	*uno*	17	*diciassette*	60	*sessanta*
2	*due*	18	*diciotto*	70	*settanta*
3	*tre*	19	*diciannove*	80	*ottanta*
4	*quattro*	20	*venti*	90	*novanta*
5	*cinque*	21	*ventuno*	100	*cento*
6	*sei*	22	*ventidue*	200	*duecento*
7	*sette*	23	*ventitré*	300	*trecento*
8	*otto*	24	*ventiquattro*	400	*quattrocento*
9	*nove*	25	*venticinque*	500	*cinquecento*
10	*dieci*	26	*ventisei*	600	*seicento*
11	*undici*	27	*ventisette*	700	*settecento*
12	*dodici*	28	*ventotto*	800	*ottocento*
13	*tredici*	29	*ventinove*	900	*novecento*
14	*quattordici*	30	*trenta*	1000	*mille*
15	*quindici*	40	*quaranta*	2000	*duemila*

Die wichtigsten Richtungsangaben

(a) sinistra	(nach) links	*indietro*	zurück
(a) destra	(nach) rechts	*vicino*	nah
diritto	geradeaus	*lontano*	weit

+++ Die wichtigsten Wörter mit dem Bonus-Audiotrack des Kauderwelsch-

Kleine Sprachhilfe Italienisch

qui, qua	hier	*tornare*	zurückgehen
lì, là	dort	*all'angolo*	an der Ecke
accanto	nebenan	*all'incrocio*	an der Kreuzung
di fronte	gegenüber	*al semaforo*	an der Ampel
davanti	vor, vorne	*in centro*	im Zentrum
svoltare	abbiegen	*fuori città*	außerhalb der Stadt

Die wichtigsten Fragewörter

chi?	wer?	*quando?*	wann?
che (cosa)?	was?	*perchè?*	warum?
come?	wie?	*quanto?*	wie viel?
dove?	wo(hin)?	*quanti/-e?*	wie viele?
di/da dove?	woher?	*quale?*	welche(r)?

Die wichtigsten Zeitangaben

oggi	heute	*a mezzogiorno*	mittags
domani	morgen	*di pomeriggio*	nachmittags
ieri	gestern	*di sera*	abends
adesso, ora	jetzt	*di notte*	nachts
subito	sofort	*lunedì*	Montag
sempre	immer	*martedì*	Dienstag
mai	nie	*mercoledì*	Mittwoch
ancora	schon	*giovedì*	Donnerstag
prima	vorher	*venerdì*	Freitag
dopo	nachher	*sabato*	Samstag
di mattina	morgens	*domenica*	Sonntag

Die wichtigsten Fragen

Gibt es …?	*C'è …?*
Ich brauche …	*Ho bisogno di …*
Ich möchte / Ich will …	*Vorrei … / Voglio …*
Geben Sie mir bitte …	*Mi dia …, per favore.*
Wo kann man … kaufen?	*Dove si può comprare …?*
Wie viel kostet …?	*Quanto costa / viene …?*
Wie viel kostet das?	*Quanto costa?*
Was ist das?	*Che cosa è questo?*
Wo ist / befindet sich …?	*Dov'è …?*
Ich möchte nach … fahren	*Vorrei andare a …*
Wie komme ich nach …?	*Come faccio ad andare a …?*
Wie viel kostet die Fahrt nach?	*Quanto costa il viaggio per …?*
Ist das der Zug nach …?	*È questo il treno per …?*
Wann fährt der Bus nach … ab?	*A che ora parte l'autobus per …?*
Bringen Sie mich bitte zu / nach … (im Taxi)	*Mi porti a …, per favore.*

AusspracheTrainers auf PC oder Smartphone lernen (siehe Umschlag hinten) +++

Die wichtigsten Floskeln und Redewendungen

ja – nein	sì – no
bitte (um etw. bitten)	per favore
Bitteschön! (anbieten)	Prego!
(Vielen) Dank!	Grazie (tanto)!
Keine Ursache!	Di niente! / Non c'è di che!
Guten Morgen / Tag!	Buongiorno!
Guten Abend!	Buona sera!
Herzlich willkommen!	Benvenuto!/Benvenuta!
Wie geht es dir / Ihnen?	Come stai / sta?
(Sehr) gut. – Schlecht.	(Molto) bene. – Male.
Auf Wiedersehen! (du/Sie)	Arrivederci / Arrivederla!
Hallo!, Tschüss!	Ciao!
Bis später! / Bis morgen!	A più tardi! / A domani!
In Ordnung!	Va bene!, D'accordo!
Ich weiß (es) nicht.	Non (lo) so.
Guten Appetit!	Buon appetito!
Zum Wohl!, Prost!	Salute!, Cin cin!
Die Rechnung, bitte!	Il conto, per favore!
Entschuldige/n Sie!	Scusa! / Scusi!
Es tut mir leid!	Mi dispiace.
Gestatten!, Darf ich?	Permesso?
(Sehr) gern!	(Molto) volentieri!
Sag / sagen Sie mir!	Dimmi! / Mi dica!
Helfen Sie mir bitte!	Mi aiuti, per favore!
Hilfe!	Aiuto!

Nichts verstanden? – Weiterlernen!

Ich spreche nicht gut Italienisch.	Non parlo bene l'italiano.
Ich möchte Italienisch lernen.	Vorrei imparare l'italiano.
Wie bitte?	Come?
Was haben Sie gesagt?	Come ha detto?
Das habe ich nicht verstanden!	Non ho capito!
Sprechen Sie Englisch?	Parla l'inglese?
Wie sagt man das auf Italienisch?	Come si dice in italiano?
... auf Deutsch	... in tedesco
... auf Englisch	... in inglese
... auf Französisch	... in francese
... auf Niederländisch	... in olandese
Wie spricht man dieses Wort aus?	Come si pronuncia questa parola?
Wiederholen Sie das bitte!	Ripeta, per favore!
Können Sie bitte langsamer sprechen?	Può parlare più lentamente, per favore?
Können Sie mir das bitte aufschreiben?	Me lo può scrivere, per favore?

Im Restaurant bestellen

Können wir bitte die Speisekarte/Getränkekarte haben?	*Possiamo avere il menù/la lista delle bevande, per favore?*
Wir möchten bitte bestellen.	*Vorremmo ordinare.*
Was können Sie uns empfehlen?	*Cosa ci consiglia?*
Was ist das Tagesgericht?	*Cos'è il piatto del giorno?*
Was sind die Spezialitäten der Gegend?	*Quali sono le specialità della regione?*
Ich nehme als Vorspeise/ersten Gang/zweiten Gang ...	*Prendo come antipasto/primo piatto/secondo piatto ...*
Die Rechnung, bitte.	*Il conto, per favore.*
Stimmt so, danke.	*Va bene così, grazie.*

Die wichtigsten Einkaufsfloskeln

Ich suche ...	*Cerco ...*
Haben Sie ...?	*Ha ...?*
Wo kann ich ... finden?	*Dove posso trovare ...?*
Gibt es hier einen Markt?	*C'è un mercato qui?*
Wo ist der nächste Supermarkt?	*Dov'è il supermercato più vicino?*
Könnten Sie mir bitte helfen?	*Mi potrebbe aiutare, per cortesia?*
Ich hätte gern ...	*Vorrei ...*
Geben Sie mir bitte ...	*Mi dà ..., per favore.*
Wie viel kostet das?	*Quanto costa?*
Wie viel kostet das Kilo?	*Quanto costa al chilo?*
Etwas weniger/mehr, bitte.	*Un po' di meno/più, per favore.*
Danke, das genügt.	*Basta così, grazie.*
Danke, das ist alles.	*Grazie, è tutto.*
Um wie viel Uhr öffnen/schließen Sie?	*A che ora apre/chiude?*

Die wichtigsten Begriffe im Restaurant

menù	Speisekarte	*antipasto*	Vorspeise
primo	erster Gang	*secondo*	zweiter Gang
dessert (m)	Nachspeise	*porzione (w)*	Portion
piatto del giorno	Tagesgericht	*lista delle bevande*	Getränkekarte
piatto	Teller	*tazza*	Tasse
vino	Wein	*birra*	Bier
acqua	Wasser	*pane (m)*	Brot
bottiglia	Flasche	*bicchiere (m)*	Glas
coperto	Gedeck	*posate*	Besteck
forchetta	Gabel	*coltello*	Messer
cucchiaio	Löffel	*minestra*	Suppe
carne (w)	Fleisch	*pesce (m)*	Fisch
frutta	Obst	*verdura*	Gemüse
contorno	Beilage	*insalata*	Salat

Das komplette Programm zum Reisen und Entdecken von REISE KNOW-HOW

- **Reiseführer** – alle praktischen Reisetipps von kompetenten Landeskennern
- **CityTrip** – kompakte Informationen für Städtekurztrips
- **CityTrip PLUS** – umfangreiche Informationen für ausgedehnte Städtetouren
- **InselTrip** – kompakte Informationen für den Kurztrip auf beliebte Urlaubsinseln
- **Wohnmobil-Tourguides** – alle praktischen Reisetipps für Wohnmobil-Reisende
- **Wanderführer** – exakte Tourenbeschreibungen mit Karten und Anforderungsprofilen
- **KulturSchock** – Orientierungshilfe im Reisealltag
- **Die Fremdenversteher** – kulturelle Unterschiede humorvoll auf den Punkt gebracht
- **Kauderwelsch Sprachführer** – vermitteln schnell und einfach die Landessprache
- **Kauderwelsch plus** – Sprachführer mit umfangreichem Wörterbuch
- **world mapping project™** – aktuelle Landkarten, wasserfest und unzerreißbar
- **Edition REISE KNOW-HOW** – Geschichten, Reportagen und Abenteuerberichte

Reisen? We know how!

Zu Hause und unterwegs – intuitiv und informativ
▶ **www.reise-know-how.de**

- **Immer und überall** bequem in unserem Shop einkaufen
- Mit **Smartphone, Tablet** und **Computer** die passenden Reisebücher und Landkarten finden
- **Downloads** von Büchern, Landkarten und Audioprodukten
- Alle **Verlagsprodukte** und **Erscheinungstermine** auf einen Klick
- **Online** vorab in den Büchern **blättern**
- Kostenlos **Informationen, Updates** und **Downloads** zu weltweiten Reisezielen abrufen
- **Newsletter** anschauen und abonnieren
- Ausführliche **Länderinformationen** zu fast allen Reisezielen

Reisen? We know how!

Neu bei Reise Know-How:
So sind sie, die ...

Die Fremdenversteher
Die Reihe, die kulturellen Unterschieden unterhaltsam auf den Grund geht.

Amüsant und sachkundig. Locker und heiter. Ironisch und feinsinnig. Über die Lebensumstände, die Psyche, die Stärken und Schwächen unserer europäischen Nachbarn, der Amerikaner und Japaner.

So sind sie eben, die Fremden!
Die Fremdenversteher: Deutsche Ausgabe der englischen Xenophobe's® Guides.

108 Seiten | 8,90 Euro [D]

www.reise-know-how.de   Reisen? We know how!

Register

A
Abendessen 73
Aeroporto G. Marconi
  Bologna 110
Altersdurchschnitt 102
Altstadt 16
AngelicA – Festival
  Internazionale
  di Musica 90
Anreise 110
Antico Porto di Classe 64
Antonioni, Michelangelo 52
Apennin-Gebirge 88, 94
Aperitivo 73, 79
Aposa 95
Apotheke 116
Arbeitslosenquote 103
Archäologisches
  Museum 28
Archäologisches
  Nationalmuseum
  (Ferrara) 50
Archiginnasio 29
Arianismus 62
Arkadengänge 18
ArteFiera 90
Arzt 116
Ausgehen 79
Aussichtspunkte 10
Aussprache 130
Auto 111
Autofahren 111
Autostazione
  di Bologna 111

B
Bahn 110, 127
Barrierefreies Reisen 112
Bars 80
Basilica di
  San Domenico 39
Basilica di
  San Francesco 23
Basilica di San Francesco
  (Ravenna) 58
Basilica di San Luca 42
Basilica di San Petronio 20
Basilica di Sant'Apollinare
  in Classe 65
Basilica di Sant'Apollinare
  Nuovo 62
Basilica di
  Santo Stefano 31
Basilica di San Vitale 58
Bassani, Giorgio 49
Bassi, Laura 30
Bassi, Ugo 41
Battistero degli Ariani 61
Battistero Neoniano 63
Beat Bologna 108
Behinderte 112
Bentivoglio 97
BEST – la cultura
  si fa spazio 91
Biblioteca Salaborsa 20
BilBOlbul Festival 92
Bollito Misto 71
Bologna Carnevale 90
Bologna Design Week 91
Bologna Festival 90, 91
Bologna Fiera 103
Bologna Jazz Festival 92
Bologna Welcome Card 113
Bologneser Schule
  (Malerei) 38
Bologneser Schule
  (Musik) 106
Bologneser Spezialitäten 71
Bolognese-Soße 71
Botanique Festival 91
Botanischer Garten 88
Botschaft 113
Brennerautobahn 111
Briefmarken 118
Bus 126

C
Cafés 76
Camping 126
Canale di Reno 88
Capodanno 92
Cappella di Sant'Andrea 63
Caracci-Vettern 38
Carducci, Giosuè 40
Casa Romei 51
Castello Estense 48
Cattedrale (Ferrara) 48
Cattedrale Metropolitana
  di San Pietro 22
Chiesa di Santa Maria
  dei Servi 32
Chiesa di Santa Maria
  della Vita 28
Cimitero della Certosa
  (Ferrara) 52
Cimitero di Certosa 44
Cinema Lumière 27
Cinema Ritrovato
  Festival 27
Cineteca di Bologna 27
Colli Bolognesi 94
Coperto 73
Coppia ferrarese 53
Corte Isolani 32

D
Dalla, Lucio 21, 107
Dante Alighieri 59
Debitkarte 113, 117
Design 85
Diplomatische
  Vertretungen 112
Domus dei Tappeti
  di Pietra 61
Ducati 69, 103
Due Torri 35
Duomo di Ravenna 63

E
Eataly 87
EC-Karte 113, 117
Einkaufen 53, 66, 84
Einwohner 103
Eis 72
Elektrizität 113
Emilia-Romagna 102
Erdbeben 26
Essen 71
Este 47

F

Feiertage 92
Felsina 96
Fernbus 111
Ferrara 46
Ferrara Buskers Festival 91
Ferrara sotto le stelle 91
Festivals 90
Fico Eataly World 87
Fiera del Libro
 per Ragazzi 90
Fiera di Natale 92
Flughafen 110
Fondazione
 Guglielmo Marconi 99
Fontana del Nettuno 16
Fremdenverkehrsamt 114
Friedhof 44, 52
Frühstück 72, 77
Fundbüro 117

G

Galerien 70
Galleria de' Foscherari 70
Galvani, Luigi 29
Garibaldi, Giuseppe 41
Gastronomie 53, 66, 74
Gelato 72
Gelato Museum
 Carpigiani 68
Geldautomaten 113
Geldfragen 113
Gender Bender Festival 92
Genus Bononiae 31
Geschichte 95
Geschwindigkeits-
 beschränkungen 111
Getränke 72
Giardini Margherita 42
Gourmetmarkt 27, 78

H

Handy 122
Haus der Steinteppiche 61
Historische Universität 29
Hostels 125
Hotels 122

I, J

Il Cinema Ritrovato 91
Informationsquellen 114
Internet 115
Italienisch 120, 130
Italienische Spezialitäten 86
Jüdisches Museum 35

K

Kanäle 24
Kartensperrung 117
Kinder 87, 116
Kirchenstaat 95
Kneipen 80
Konsulat 113
Konzerte 83
Kosmetik 85
Krankenhaus 116
Krankenversicherungs-
 karte 116
Kreditkarte 113, 117
Küche der
 Emilia-Romagna 72
Kulinarisches 53, 66
Kulturprogramm 81
Kunstgalerien 70

L

La Strada Del Jazz 92
Laurea 37
Lesben 120
LGBT+ 120
Literaturtipps 115
Livemusik 81
Lokale 53, 66, 74

M

Maestro-Karte 113
MAMbo (Museo d'Arte
 Moderna di Bologna) 23
Marconi, Guglielmo 99
Märkte 86
Marktviertel 27
Mascarella in Sfoglia 91
Mausoleo di
 Galla Placidia 60
Mausoleo di Teodorico 64
Maut 111
Mazzini, Giuseppe 41
Medien 115
Medizinische
 Versorgung 116
Mercato delle Erbe 78
Mercato di Mezzo 28
Mittagessen 73
Mode 84
Montagnola Music 91
Monumentalfriedhof 44
Morandi, Antonio 29
Mortadella 71
Mosaico di Notte 91
Mosaiken 58, 59
Museen 68
Museo Arcivescovile 63
Museo Civico
 Archeologico 28
Museo Civico d'Arte
 Industriale (Museum
 für Industriekunst) 33
Museo Civico del
 Risorgimento 40
Museo Civico Medievale
 (Mittelaltermuseum) 22
Museo Dantesco 59
Museo Davia Bargellini 33
Museo della Resistenza 68
Museo della Storia
 di Bologna 31
Museo del
 Patrimonio Industriale 69
Museo di Casa Carducci 40
Museo Ducati 69
Museo Ebraico
 di Bologna 35
Museo internazionale
 e biblioteca della musica
 di Bologna 33
Museo Lapidario 51
Museo Lucio Dalla 21
Museo Morandi 23
Museo Nazionale
 di Ravenna 61
Musica Insieme 92
Musik 87, 106

N

Nachtklubs 82
Nachtleben 79
Notfälle 117
Notruf 117
Nudeln 71

O

Öffnungszeiten 118
Oper 37
Orto Botanico ed Erbario 88
Osterias 81

P, Q

Palazzo Comunale 19
Palazzo Costabili 50
Palazzo d'Accursio 19
Palazzo dei Diamanti 51
Palazzo del Capitano del Poppolo 17
Palazzo della Mercanzia 34
Palazzo del Podestà 16
Palazzo Pepoli 31
Palazzo Poggi 37
Palazzo Re Enzo 17
Palazzo Schifanoia 50
Palio di Ferrara 52, 91
Parken 112
Parks 88
Pasolini, Pier Paolo 33
Pasta 71
Piazza del Nettuno 16
Piazza Maggiore 16
Pinacoteca Nazionale 38
Pinakothek (Ferarra) 51
Po-Ebene 94
Polizei 117
Portici 18
Porto 118
Post 118
Promillegrenze 111
Publikationen 115
Quadrilatero 27

R

Radfahren 53, 118
Ragù 71
Rauchen 80
Ravenna 54
Ravenna Festival 91
Ravenna Mosaici 58
Reisezeit 128
Reno 94
Restaurants 53, 66, 74
Risorgimento 41, 95
roBOt Festival 92
Romagna Visit Card 113
Rossini, Gioachino 30, 106
Rundgänge 12

S

Salaborsa 20
San Michele in Bosco 42
San Petronio 20, 92
Santuario di Madonna di San Luca 42
Savena 95
Savonarola, Girolamo 48
Schwule 120
Seidenindustrie 24
Shopping 53, 66, 84
Sicherheit 119
Spartipps 113
Spazierwege 88
Speisen 71
Spermnotruf 118
Spielsachen 87
Sprache 120, 130
Stabat-Mater-Hörsaal 30
Stadtgeschichte 95
Stadtspaziergänge 12
Stadttouren 121
Strage di Bologna 100, 105
Stromspannung 113
Studentenwohnheime 125
Süßspeisen 71
Synagoge 36

T

Tauernautobahn 111
Taxi 110, 128
Teatro Comunale 37
Telefonieren 121
Termine 90
Theater 83
Theoderich der Große 62, 64
Tomba di Dante 59
Torre Asinelli 35
Torre dell'Arengo 16
Torre Garisenda 35
Touristeninformation 114
Trinken 72
Trinkgeld 73
Trinkwasser 122
Türme 36

U

UNESCO City of Music 106
Universität 103
Universitätsviertel 34
Unterkünfte 54, 66, 122

V

Vegetarier 76
Veranstaltungen 90
Verhaltenstipps 126
Verkehrsberuhigte Zone (ZTL) 111
Verkehrsmittel 126
Verwaltungsbezirke 95
Vignette 111
Visa-Karte 113, 117
Voltone del Podestà 17
Vorwahlen 5, 121

W

Wasser 122
Websites 114
Weihnachtsmarkt 92
Wein 72
Wetter 128
WLAN 115

Z

ZTL (Zona a Traffico Limitato del Centro Storico) 111

Die Autoren

Lilly Nielitz-Hart studierte Amerikanistik und Kulturwissenschaft in Frankfurt am Main. Sie arbeitete dort für eine namhafte Kulturinstitution. Nach einem langen Aufenthalt in Großbritannien ist sie heute als Reiseautorin und freie Journalistin tätig.

Simon Hart, geboren im nordenglischen Leeds, studierte Geschichte und Archäologie und ist Lehrer für Geschichte und Politik. Als Lehrkraft für Archäologie, z. B. für die University of British Columbia (Kanada), war er an zahlreichen römischen Ausgrabungen in Großbritannien beteiligt.

Die Autoren sind Italienfans und haben bereits Reiseführer über den Mittelmeerraum geschrieben. Die Emilia-Romagna und insbesondere Bologna, Ferrara und Ravenna haben beide oft bereist und lieben gelernt, nicht zuletzt wegen der vielfältigen Kunstschätze. Im REISE KNOW-HOW Verlag sind von ihnen bereits Stadtführer über London und Edinburgh erschienen.

Schreiben Sie uns

Dieses Buch ist gespickt mit Adressen, Preisen, Tipps und Daten. Unsere Autoren recherchieren unentwegt und erstellen alle zwei Jahre eine komplette Aktualisierung, aber auf die Mithilfe von Reisenden können sie nicht verzichten. Darum: Teilen Sie uns bitte mit, was sich geändert hat oder was Sie neu entdeckt haben. Gut verwertbare Informationen belohnt der Verlag mit einem Sprachführer Ihrer Wahl aus der Reihe „Kauderwelsch".

Kommentare übermitteln Sie am einfachsten, indem Sie die Web-App zum Buch aufrufen (siehe Umschlag hinten) und die Kommentarfunktion bei den einzelnen auf der Karte angezeigten Örtlichkeiten oder den Link zu generellen Kommentaren nutzen. Wenn sich Ihre Informationen auf eine konkrete Stelle im Buch beziehen, würde die Seitenangabe uns die Arbeit sehr erleichtern. Unsere Kontaktdaten entnehmen Sie bitte dem Impressum.

Impressum

Lilly Nielitz-Hart, Simon Hart

CityTrip Bologna

© REISE KNOW-HOW Verlag
  Peter Rump GmbH
1. Auflage 2018

Alle Rechte vorbehalten.

ISBN 978-3-8317-2907-4
PRINTED IN GERMANY

Druck und Bindung:
  Media-Print, Paderborn

Herausgeber: Klaus Werner
Layout: amundo media GmbH (Umschlag, Inhalt), Peter Rump (Umschlag)
Lektorat: amundo media GmbH
Karten: Ingenieurbüro B. Spachmüller, amundo media GmbH
Anzeigenvertrieb: KV Kommunalverlag GmbH & Co. KG, Alte Landstraße 23, 85521 Ottobrunn, Tel. 089 928096-0, info@kommunal-verlag.de
Kontakt: Osnabrücker Str. 79, 33649 Bielefeld, info@reise-know-how.de

Alle Angaben in diesem Buch sind gewissenhaft geprüft. Preise, Öffnungszeiten usw. können sich jedoch schnell ändern. Für eventuelle Fehler übernehmen Verlag wie Autoren keine Haftung.

Bildnachweis

Umschlagvorderseite: fotolia.com by Adobe© Yasonya | Umschlagklappe rechts: Lilly Nielitz-Hart
Soweit ihre Namen nicht vollständig am Bild vermerkt sind, stehen die Kürzel an den Abbildungen für die folgenden Fotografen, Firmen und Einrichtungen. Lilly Nielitz-Hart: nh | fotolia.com by Adobe: fo

Liste der Karteneinträge

- ❶ [E5] Piazza Maggiore und Piazza del Nettuno S. 16
- ❷ [E4] Palazzo del Podestà S. 16
- ❸ [E4] Palazzo Re Enzo S. 17
- ❹ [D5] Palazzo d'Accursio (Palazzo Comunale) S. 19
- ❺ [E5] Basilica di San Petronio S. 20
- ❻ [E4] Cattedrale Metropolitana di San Pietro S. 22
- ❼ [D4] Museo Civico Medievale (Mittelaltermuseum) S. 22
- ❽ [C4] Basilica di San Francesco S. 23
- ❾ [C2] MAMbo (Museo d'Arte Moderna di Bologna) und Museo Morandi S. 23
- ❿ [E5] Quadrilatero – das Marktviertel S. 27
- ⓫ [E5] Chiesa di Santa Maria della Vita S. 28
- ⓬ [E5] Museo Civico Archeologico (Archäologisches Museum) S. 28
- ⓭ [E5] Archiginnasio – historische Universität S. 29
- ⓮ [E5] Palazzo Pepoli mit Museo della Storia di Bologna S. 31
- ⓯ [F5] Basilica di Santo Stefano S. 31
- ⓰ [G5] Chiesa di Santa Maria dei Servi S. 32
- ⓱ [G5] Museo Davia Bargellini und Museo Civico d'Arte Industriale (Museum für Industriekunst) S. 33
- ⓲ [F5] Museo internazionale e biblioteca della musica di Bologna S. 33
- ⓳ [E5] Palazzo della Mercanzia S. 34
- ⓴ [E4] Due Torri S. 35
- ㉑ [F4] Museo Ebraico di Bologna (Jüdisches Museum) S. 35
- ㉒ [F4] Teatro Comunale S. 37
- ㉓ [G4] Palazzo Poggi S. 37
- ㉔ [G3] Pinacoteca Nazionale S. 38
- ㉕ [E6] Basilica di San Domenico S. 39
- ㉖ [H6] Museo Civico del Risorgimento und Museo di Casa Carducci S. 40
- ㉗ [G8] Giardini Margherita S. 42
- ㉘ [D8] San Michele in Bosco S. 42
- ㉛ [Karte II] Castello Estense S. 48
- ㉜ [Karte II] Cattedrale S. 48
- ㉝ [Karte II] Palazzo Costabili und Archäologisches Nationalmuseum S. 50
- ㉞ [Karte II] Palazzo Schifanoia S. 50
- ㉟ [Karte II] Casa Romei S. 51
- ㊱ [Karte II] Palazzo dei Diamanti mit Pinakothek S. 51
- ㊲ [Karte III] Basilica di San Vitale S. 58
- ㊳ [Karte III] Mausoleo di Galla Placidia S. 60
- ㊴ [Karte III] Museo Nazionale di Ravenna S. 61
- ㊵ [Karte III] Domus dei Tappeti di Pietra (Haus der Steinteppiche) S. 61
- ㊶ [Karte III] Battistero degli Ariani S. 61
- ㊷ [Karte III] Basilica di Sant'Apollinare Nuovo S. 62
- ㊸ [Karte III] Battistero Neoniano S. 63
- ㊹ [Karte III] Museo Arcivescovile und Cappella di Sant'Andrea S. 63
- 🅼1 [D5] Museo Lucio Dalla S. 21
- 🅱2 [C2] Biblioteca Renzo Renzi S. 27
- 🎧3 [E5] Mercato di Mezzo S. 28
- ★4 [F5] Corte Isolani S. 32
- ●5 [F5] Geburtshaus von Pier Paolo Pasolini S. 33
- ●6 [F8] Serre dei Giardini Margherita S. 40
- 🅼8 [Karte II] Museo Lapidario S. 51
- ●9 [Karte II] Palazzo Massari S. 52
- ●10 [Karte II] Cimitero della Certosa (Ferrara) S. 52
- ☕11 [Karte II] Bar Centro Storico S. 53
- ☕12 [Karte II] Gelateria Millegusti Ferrara S. 53

Liste der Karteneinträge

- 🏠13 [Karte II] Makorè S. 53
- 🏠14 [Karte II] Ristorante Ariosteria S. 53
- 🛍15 [Karte II] Ferrara Souvenir S. 53
- 🛍16 [Karte II] Negozi Libraccio S. 53
- •17 [Karte II] La Ricicletta S. 54
- •18 [Karte II] Link Tours Bike S. 54
- •20 [Karte II] Todisco Brothers S. 54
- 🏨21 [Karte II] Albergo degli Artisti S. 54
- 🏨22 [Karte II] Antica Corte Hotel S. 54
- 🏨23 [Karte II] Hotel Touring S. 54
- ℹ24 [Karte III] I.A.T. Ravenna (Touristeninformation) S. 58
- •25 [Karte III] Biglietteria Basilica di San Vitale S. 58
- 🏛26 [Karte III] Museo Dantesco S. 59
- •27 [Karte III] Tomba di Dante S. 59
- 🏛28 [Karte III] Basilica di San Francesco (Ravenna) S. 58
- 🏠29 [Karte III] La Piadina del Melarancio S. 66
- ☕30 [Karte III] Pasticceria Palumbo S. 66
- 🏠31 [Karte III] Ristorante La Gardela S. 66
- 🛍32 [Karte III] Antikmarkt S. 66
- 🛍33 [Karte III] Koko Mosaico S. 66
- 🏨34 [Karte III] Best Western Hotel Bisanzio S. 66
- 🏨35 [Karte III] Casa Masoli Bed & Breakfast S. 66
- 🏛37 [B5] Museo della Resistenza S. 68
- 🎨40 [E5] Galleria de' Foscherari S. 70
- 🏠41 [E5] 051 – Zerocinquantello S. 74
- 🏠42 [E5] Bar Calice S. 74
- 🏠43 [E4] Bottega Portici 2 Torri S. 74
- ☕44 [B4] Fish Bar l'Amo S. 74
- 🏠45 [E5] In Cucina Bistrot S. 74
- 🏠46 [E4] La Prosciutteria S. 74
- 🏠47 [E3] Osteria dell'Orsa S. 74
- 🏠48 [E5] Osteria del Podestà S. 74
- 🏠49 [B4] Osteria Il Cantinone S. 74
- 🏠50 [D3] Ristorante Pizzeria Mangiassieme S. 75
- 🏠51 [E5] Rosa Rose Bistrot S. 75
- 🏠52 [F3] Trattoria Anna Maria S. 75
- 🏠53 [D5] Trattoria Battibecco S. 75
- 🏠54 [E3] Trattoria Montanara S. 75
- 🏠55 [E4] Gessetto Ristorante S. 75
- 🏠57 [B4] Ristorante Casa Monica S. 75
- 🏠58 [E5] Ristorante Clavature S. 76
- 🏠59 [D3] Ristorante Il Moro S. 76
- 🏠60 [E5] Ristorante Papagallo S. 76
- ☕61 [B4] Canapé S. 76
- ☕62 [F3] Cento3cento S. 76
- ☕63 [H4] Delogo S. 76
- ☕64 [E4] Frutteria FraGola S. 76
- ☕66 [B4] Trattoria Baraldi S. 76
- ☕67 [D1] Bar River S. 76
- ☕69 [E4] Caffè Terzi S. 77
- ☕70 [D4] Caffè Vittorio Emanuele S. 77
- ☕71 [E5] Caffè Zanarini S. 77
- ☕72 [E4] Ca' Pelletti S. 77
- ☕73 [E5] Casa Minghetti S. 77
- ☕74 [E3] Naama Caffè S. 77
- ☕75 [E3] Opera Caffè e Tulipani S. 77
- ☕76 [E4] Pappare' S. 77
- ☕77 [F5] Cremeria Sette Chiese S. 77
- ☕78 [E4] Gelateria Gianni S. 77
- ☕79 [G4] Il Gelatauro S. 78
- ☕80 [F6] La Sorbetteria S. 78
- ☕81 [E3] Majori S. 78
- ☕82 [E5] Pasticceria Caffetteria Santo Stefano S. 78
- ☕83 [C4] Mercato delle Erbe S. 78
- ☕84 [E5] Bebi Bar S. 80
- ☕85 [E4] Bibido S. 80
- ☕86 [E4] Caffè Zamboni S. 80
- ☕87 [E4] La Linea S. 80
- ☕88 [F3] Le Stanze S. 81
- ☕89 [E5] Nu Lounge Bar S. 81
- ☕90 [E5] Osteria del Sole S. 81
- ☕91 [F5] Ruggine S. 81
- 🍷92 [C4] Altotasso S. 81
- 🍷94 [F3] Bravo Caffè S. 82
- 🍷95 [F3] Cantina Bentivoglio S. 82
- 🍷96 [D3] Cortile Cafè S. 82
- 🍷98 [E1] Dynamo S. 82
- 🍷101 [F4] Artería S. 82
- 🍷102 [F4] Bentivoglio Club S. 82
- 🍷103 [G8] Chalet dei Giardini Margherita S. 82
- 🍷104 [E4] Kinki Club S. 82
- 🍷105 [F4] Lab16 S. 83
- 🍷108 [F4] Soda Pops Disco Bar S. 83
- 🍷109 [F5] Accademia Filarmonica di Bologna S. 83

Liste der Karteneinträge

- ○110 [E3] Arena del Sole S. 83
- ○112 [D3] Auditorium Manzoni S. 83
- ○114 [F6] Teatro Duse S. 83
- ■115 [F5] Balevin Bologna S. 84
- ■116 [D5] Boggi S. 84
- ■117 [D5] Doria 1905 S. 84
- ■118 [E5] Galleria Cavour Bologna S. 84
- ■119 [E5] Hidden Forest Market S. 84
- ■120 [D4] Le Cose di Roberta Trentini S. 84
- ■121 [E5] Liviana Conti S. 84
- ■122 [E4] Luisa Spagnoli S. 84
- ■123 [E4] Mantellassi Calzature S. 84
- ■124 [F5] Mari Carraro S. 84
- ■125 [E4] Max e Giò S. 85
- ■126 [E5] Napapijri Bologna S. 85
- ■127 [E4] Other Stories S. 85
- ■128 [E5] Pinko Bologna S. 85
- ■130 [D5] Antica Profumeria Al Sacro Cuore S. 85
- ■131 [E5] Profumerie Limoni S. 85
- ■132 [E4] Kartell Design Shop S. 85
- ■133 [E4] Martino Design S. 86
- ■134 [E5] Ceccarelli Amedeo S. 86
- ■135 [E5] Paolo Atti & Figli S. 86
- ■136 [E5] Venchi Chocolate S. 86
- ■137 [E1] Fiera del Libro S. 86
- ■138 [E3] La Piazzola di Bologna S. 86
- ■139 [F5] Mercato Antiquario Città di Bologna S. 86
- ■140 [E3] Mercato Artigianale – DecoMela Art S. 87
- ■141 [C2] Mercato della Terra S. 87
- ■142 [E5] Librerie Coop Ambasciatori S. 87
- ■143 [B5] 180 Grammi vinyl-shop S. 87
- ■144 [D3] Disco d'oro S. 87
- ■145 [E4] La Feltrinelli Librerie S. 87
- ■146 [F5] Città del Sole S. 87
- ●147 [G3] Orto Botanico ed Erbario S. 89
- ●152 [E1] Autostazione di Bologna S. 111
- ⛽153 [D1] Abycar S. 112
- ⛽154 [E1] Garage Masini S. 112
- ●156 [D5] Österreichisches Honorarkonsulat Bologna S. 113
- ⊕158 [D1] Farmacia della Stazione S. 116
- ○161 [H7] Teatro Antoniano S. 117
- ➤162 [D5] Polizia dello Stato S. 117
- ✉164 [E5] Hauptpost S. 118
- ●165 [E2] BIKEinBO S. 119
- ●167 [E1] Velostazione S. 119
- ❶168 [C2] Cassero LGBT Center S. 120
- ❶169 [A4] International LGBT Bookshop S. 120
- ❶170 [D2] MIT – Movimento Identità Transessuale S. 120
- ○171 [F3] Barattolo Café Bar S. 120
- 🏨176 [E3] Residenza San Martino S. 124
- 🏨177 [E4] Torre Prendiparte S. 124
- 🏨178 [D2] Albergo Atlantic S. 124
- 🏨179 [E5] Albergo delle Drapperie S. 124
- 🏨180 [C2] Astoria Hotel S. 124
- 🏨181 [D7] B&B Casa Miramonte S. 124
- 🏨182 [F4] Hotel San Donato S. 124
- 🏨183 [E2] I Portici S. 124
- 🏨184 [D2] Nuovo Hotel del Porto S. 124
- 🏨185 [D1] UNA Hotel S. 125
- 🏨186 [D3] Appartamento Galliera S. 125
- 🏨187 [C2] B&B Benelli S. 125
- ●188 [F6] B&B Isabella S. 125
- 🏨189 [C7] B&B Margherita S. 125
- 🏨190 [D4] B&B Parigi S. 125
- 🏨192 [C5] Bologna nel Cuore S. 125
- 🏨193 [G6] San Petronio Vecchio S. 125
- 🏨194 [G6] Santo Stefano S. 125
- 🏨195 [D4] Albergo Centrale S. 125
- 🏨196 [F6] Camplus Guest San Giovanni in Monte S. 125
- 🏨197 [F3] Dopa Hostel S. 125
- ●199 [C4] TPER S. 127
- ●200 [D1] Bologna Centrale S. 127

Hier nicht aufgeführte Nummern liegen außerhalb der abgebildeten Karten. Ihre Lage kann aber wie die von allen Ortsmarken im Buch mithilfe der Web-App angezeigt werden (s. S. 144).

Zeichenerklärung

⓫	Hauptsehenswürdigkeit
✚ ✚	Arzt, Apotheke, Krankenhaus
	Bed and Breakfast, Pension
	Bibliothek
	Biergarten, Kneipe
	Café, Eiscafé
	Denkmal
	Fischrestaurant
	Galerie
	Geschäft, Kaufhaus, Markt
	Hotel, Unterkunft
	Imbiss
	Informationsstelle
	Jugendherberge, Hostel
	Kirche
	Museum
	Musikszene, Disco
P P	Parkplatz
	Polizei
	Post
	Restaurant
★	Sehenswürdigkeit
•	Sonstiges
✡	Synagoge
	Theater
	Vegetarisches Restaurant
	Shoppingareal
	Gastro- und Nightlife-Areal
—	Stadtspaziergang Tag 1 (s. S. 12)
—	Stadtspaziergang Tag 2 (s. S. 15)

Diesem CityTrip-Band wurde hier ein herausnehmbarer Faltplan beigefügt. Sollte er beim Erwerb des Buches nicht mehr vorhanden sein, fragen Sie bitte bei Ihrem Buchhändler nach.

Bologna mit PC, Smartphone & Co.

QR-Code auf dem Umschlag scannen oder www.reise-know-how.de/citytrip/bologna18 eingeben und die **kostenlose Web-App** aufrufen (Internetverbindung zur Nutzung nötig)!

★**Anzeige der Lage und Satellitenansicht aller** beschriebenen Sehenswürdigkeiten und weiteren Orte
★**Routenführung** vom aktuellen Standort zum gewünschten Ziel
★**Exakter Verlauf** der empfohlenen Stadtspaziergänge
★**Audiotrainer** der wichtigsten Wörter und Redewendungen
★**Updates** nach Redaktionsschluss

GPS-Daten zum Download

Auf der Produktseite dieses Titels unter www.reise-know-how.de stehen die GPS-Daten aller Ortsmarken als KML-Dateien zum Download zur Verfügung.

Stadtplan für mobile Geräte

Um den Stadtplan auf Smartphones und Tablets nutzen zu können, empfehlen wir die App „Avenza Maps" der Firma Avenza™. Der Stadtplan wird aus der App heraus geladen und kann dann mit vielen Zusatzfunktionen genutzt werden.

Die Web-App und der Zugriff auf diese über QR-Codes sind eine freiwillige, kostenlose Zusatzleistung des Verlages. Der Verlag behält sich vor, die Bereitstellung des Angebotes und die Möglichkeit der Nutzung zeitlich und inhaltlich zu beschränken. Der Verlag übernimmt keine Garantie für das Funktionieren der Seiten und keine Haftung für Schäden, die aus dem Gebrauch der Seiten resultieren. Es besteht ferner kein Anspruch auf eine unbefristete Bereitstellung der Seiten.